本书的出版得到

国家重点文物保护专项补助经费资助

青州龙兴寺遗址窖藏佛教造像

宿白 题

青州龙兴寺遗址窖藏佛教造像

The Hoarded Buddhist Sculptures at Longxing
Temple Site in Qingzhou

青州市博物馆 编

圆雕佛像 卷一

文物出版社

图书在版编目（CIP）数据

青州龙兴寺遗址窖藏佛教造像．圆雕佛像．卷一 /
青州市博物馆编．－－ 北京：文物出版社，2021.10
ISBN 978-7-5010-7209-5

Ⅰ．①青… Ⅱ．①青… Ⅲ．①佛像－造像－发掘报告
－青州市 Ⅳ．① K879.35

中国版本图书馆 CIP 数据核字 (2021) 第 186590 号

青州龙兴寺遗址窖藏佛教造像

圆雕佛像 卷一

青州市博物馆 编

责任编辑：张小舟 秦 彧

书籍设计：特木热

责任印制：张 丽

出版发行：文物出版社

社 址：北京市东城区东直门内北小街 2 号楼

邮 编：100007

网 址：http://www.wenwu.com

经 销：新华书店

印 刷：河北鹏润印刷有限公司

开 本：965mm × 1270mm 1/16

印 张：22.5

版 次：2021 年 10 月第 1 版

印 次：2021 年 10 月第 1 次印刷

书 号：ISBN 978-7-5010-7209-5

定 价：880.00 元

凡　例

一、本书主体内容分圆雕佛像卷、圆雕菩萨像卷、背屏式造像卷、其他卷四部分，每部分以造像修复和三维信息采集先后分册。其中，佛像卷四册、菩萨像卷两册、背屏式造像卷两册、其他卷一册。

二、书后附出土造像总目、佛像发髻样式汇总表、佛像服饰汇总表、菩萨像配饰汇总表、造像上出现的乐器汇总表、研究成果汇总表、贴金彩绘检测报告。

三、书中所收造像编号为整理入藏后的编号。每册造像排序以造像编号先后为准。

四、造像线图以三维扫描生成的正射影像图为底图绘制，排列以"右侧—正面—左侧—背面"为序。

五、造像题记以简体字录文，均在图版中附拓片，方便对照。

圆雕佛像 卷一

参与人员

执　笔

王瑞霞　周麟麟　刘华国　李亮亮

摄　影

高　山　付卫杰

绘　图

孙先徒　耿　鹏　李　静　李艳华

三维扫描技术支持

山西省考古研究院

目 录

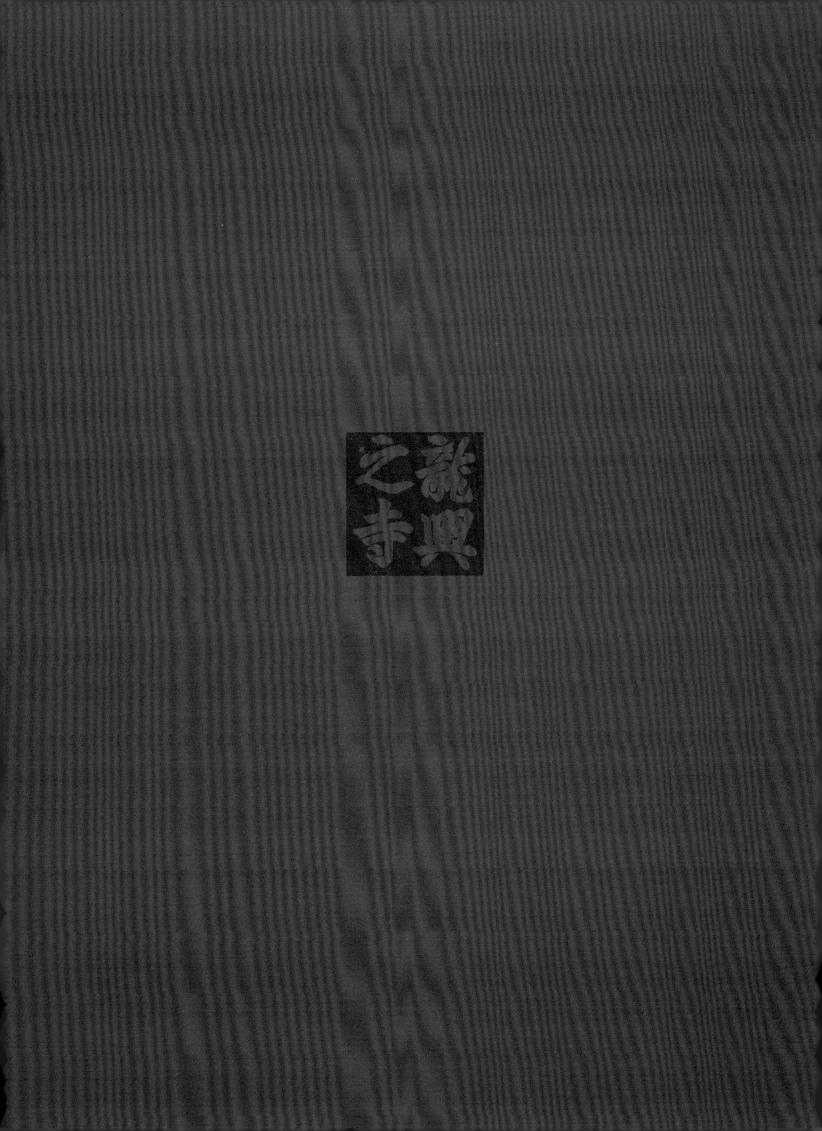

龍興之寺

1996 年 10 月 6～15 日，是山东省青州龙兴寺遗址佛教造像窖藏被发现、并进行抢救性发掘的日子。接着，青州市博物馆组织了 10 余人的造像整理小组，对出土造像等遗物进行整理、研究。寒来暑往，历经三载，集中整理出造像 616 件。每每回想起来，大家将一块块包裹泥土的造像残件小心翼翼地清理出真容，当鲜艳的色彩、精美的线条展现出来的那一瞬间，大家心里的激动无以言表。尔后，再将这上万块的残块拼成一件件相对完整造像的时候，大家的心情更是无法用激动来表达了。

此后，青州龙兴寺遗址窖藏出土佛教造像先后在北京、上海、香港、台湾等地区展陈，并到德国、瑞士、英国、美国、法国、俄罗斯、澳大利亚、新加坡、墨西哥、日本等国家展出，引起了巨大反响，让更多人重新认识了中国古代雕塑艺术的高超造诣与迷人魅力。

这批佛教造像出土的意义还在于推动了青州市博物馆各项工作的开展，特别是人才队伍和机构建设。至今为止，从事这批佛教造像发掘和整理工作的人员中已有 5 人获评博物馆研究馆员，3 人获评博物馆副研究馆员。在原有造像整理小组的工作基础上，设立文物技术保护中心（现科技保护中心），专门负责文物保护工作，并发展成为山东文物保护领域的中坚力量。

龙兴寺佛教造像窖藏的发掘得到了国家文物局、山东省文物局、山东省文物考古研究院（原山东省文物考古研究所）、潍坊市文物管理委员会的鼎力支持。造像的整理、保护、研究及报告的出版，得到了国家文物局及各级政府的大力支持。

在报告启动出版之际，回望一步步走过的艰辛历程，衷心感谢宿白先生、马世长先生、杨泓先生、汤池先生等诸多专家学者的悉心指导与教诲！没有他们，青州造像的研究不会有今天的成就，不会形成一支研究团队。衷心感谢王丹华先生、詹长法先生等在造像保护中给予的无私支持与大力扶持！没有他们打下的基础，青州市博物馆的文物保护力量不会迅速崛起并取得丰硕成果。衷心感谢所有在这项工作中给予我们帮助支持的人们！正是几代人的不懈努力，才有今天的果实初现。我们也相信，通过大家持续努力，青州龙兴寺遗址窖藏佛教造像的各项工作一定会结出更多、更大的硕果。

参与窖藏发掘人员（按姓氏笔画排序）：

王万里、王华庆、王瑞霞、庄明军、刘华国孙敬明、孙新生、李茂峰、杨华胜、周庆喜、钟慧咏、姜建成、夏名采、盛志刚。

发掘安保工作由青州市博物馆保卫科、青州市公安局风景区派出所和当地解放军某部共同完成。

参与造像整理人员（按姓氏笔画排序）：

于海峰、王瑞霞、庄明军、刘华国、孙新生李增洪、杨华胜、周庆喜、周麟麟、钟惠咏、夏名采。

承蒙宿白先生厚爱，于 2015 年为本书题写了书名。

概况

一、地理环境

　　青州市位于山东省中部，地理位置为北纬36°24′~36°58′，东经118°10′~118°46′，地处泰沂山脉与鲁北平原交界地带。西、南为山区，东、北为平原，地势西南高而东北低。青州东邻昌乐县，南邻临朐县，西接淄川、临淄，北与广饶、寿光接壤。境内主要河流有淄河、北阳河、弥河三条水系，地理位置和自然环境优势明显（图1）。青州自古以来就是山东地区的交通要道，是政治、经济、军事和文化中心，有着悠久的历史。

　　青州龙兴寺遗址佛教造像窖藏位于青州市王府街道办事处范公亭南街以西、衡王府西街以北。遗址北部为青州市博物馆，东距青州古城中心区和衡王府石坊直线距离不足2千米，西南距广县城遗址直线距离仅1千米，距驼山石窟、云门山石窟均不

足5千米，南阳城城墙位于遗址西侧，城墙以下即是范公亭建筑群。南阳河自遗址西、北部流过，东阳城马驿门与其隔河相望。遗址现为全国重点文物保护单位，周边人文历史氛围浓厚（图2、3）。

二、历史沿革

　　青州上古为东夷之地。据《尚书·禹贡》记载："海岱惟青州。嵎夷既略，潍淄其道。厥土白坟，海滨广斥。厥田惟上下，厥赋中上，厥贡盐绨。海物惟错，岱畎丝、枲、铅、松、怪石。莱夷作牧，厥篚檿丝。浮于汶，达于济。"这是关于青州最早的记载。考研这段文字可以知道，当时青州位于大海和泰山之间，地域内有潍水、淄水穿过，海滨广阔，物产丰富，有盐、丝、麻、松、怪石等，物产通过汶水、济水外运。

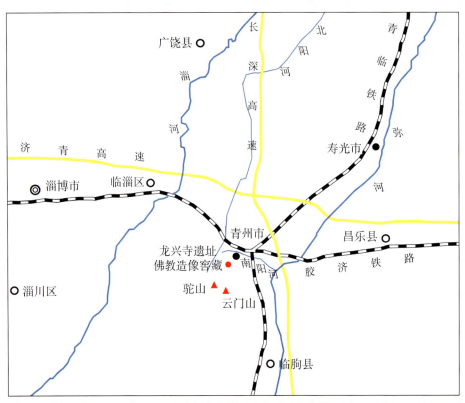

图1　青州龙兴寺遗址地理位置示意图

图 2　窖藏所在地现地貌

夏商时期，青州曾为爽鸠氏、季萴氏、逄伯陵氏、薄姑、亚醜等氏族、方国所据。《周礼·职方》："正东曰青州，其山镇曰沂山，其泽薮曰望诸，其川淮泗，其浸沂沭。"意即青州为东方之州，镇山为沂山，有大泽望诸，主要河流有淮水、泗水，另外有沂水、沭河，其指青州的区域范围有所南移。

周初封吕尚为齐侯，青州之地始归于齐。《吕氏春秋·有始览》："东方为青州，齐也。"历春秋战国之世，青州之地均为齐属，为中国东方的富饶之地。

秦始皇二十六年（前 221 年），

图 3　全国重点文物保护单位标志

秦灭齐国，实行郡县制，齐国故地分置齐郡、琅邪郡。青州地属齐郡，治所临淄。

汉高祖六年（前201年），封大将召欧为广侯，治广县城（今青州市南阳湖西南侧）。汉武帝元封五年（前106年）设青州刺史部驻广县城。

东汉时期，州又称部，仍为监察区域，治所临淄县（今山东省淄博市临淄区）。

西晋怀帝永嘉五年（311年），前赵大将军曹嶷攻略青州一带，弃广县，在尧山之南筑新城广固城，晋伏琛《齐记》："有大涧甚广，因以为固，故名广固城。"为青州、齐郡、临淄县三级政府治地所在。据《光绪·益都县图志》考证：晋太安元年（302年），青州城东南郑墓店东塔儿坡建有宁福寺，这是青州记载建造最早的佛教寺院。此后80余年，青州先后隶属前赵、后赵、前燕、前秦、东晋、后燕等政权。这些政权的统治者大多崇信佛教，从此，佛教在青州一带大为流行。据南朝梁僧慧皎《高僧传》记载：后赵皇帝石虎于临漳修治旧塔，缺少承露盘。西域高僧佛图澄曰，临淄城内有古阿育王塔，地中有承露盘及佛像，其上林木茂盛，可掘取之。随即画图与使者，使者依言掘取，果然发现并获得了承露盘及佛像。

东晋安帝隆安年间，南燕国国主慕容德听从尚书潘聪、高僧竺僧朗（朗公）的建议，攻占兖、徐之地，随后进兵青州。隆安三年（399年），慕容德攻陷广固城，四年（400年），慕容德正式称帝，改年号为建平，定广固城为南燕国都。慕容德为感谢朗公，封其为东齐王，赐绢100匹，给予两个县作为食邑。青州市西南山区至今有朗公山、朗公洞之名。南燕国国祚12年，东晋义熙六年（410年），刘裕陷广固城，斩王公以下三千人，没入家口万余，夷其城隍，以羊穆之为青州刺史。羊穆之在广固城东侧，阳水（今南阳河）之北另筑

新城，因在阳水之阳，广固城之东，故曰东阳城（一说因广固城有东阳殿而得名）。东阳城东西长而南北狭，东晋曾置北青州刺史治于此。义熙八年（412年），高僧法显携带大量梵文经卷从青州长广郡牢山（今崂山）登陆，青州太守李嶷敬信佛法，闻有沙门持经像泛海而至……（嶷）迎接经像，归至郡治。法显在青州译经传教居停一年之久。

元熙二年（420年），刘裕废晋恭帝自立，国号"宋"，青州遂地入南朝，进入了一个长达半个世纪的相对稳定发展时期。据于钦《齐乘》记载：元嘉二年（425年），齐、北海二郡太守刘善明舍宅为寺，建立佛堂。佛堂即龙兴寺的前身。

北魏皇兴年间，北魏朝廷趁南朝宋争权内乱之机派军南下，皇兴三年（469年），征南大将军慕容白曜攻占青州，掳刺史沈文秀，锁送平城（今山西大同东北）。自此，青州之地尽入北魏。据《魏书·慕容白曜传》载：魏军于东阳城缴获仓粟八十五万斛，米三千斛，弓九千张，箭十八万八千，刀二万两千四百，甲胄各三千三百，铜五千斤，钱十五万；城内户八千六百，口四万一千，吴蛮户三百余。由此可见当时青州经济的繁盛和军事的强大。青州、齐郡、临淄县均驻东阳城。京兆王元子推、广陵王元羽、阳平王元颐、江阳王元继等诸王先后镇青出任青州刺史，足见北魏王朝对青州地区的重视。

北魏永熙三年（534年），北魏分裂，青州相继隶属东魏、北齐，地处东西魏、周齐交兵的大后方，社会相对安定，经济迅速发展，为上上州（齐沿魏制，州分九等），号称"大州""大藩"，东阳城始增筑南郭。北齐文宣皇帝高洋曾下诏：并州之太原、青州之齐郡，霸业所在，王命是基。天保七年（556年）11月，撤临淄县，移益都县治东阳城。青州在当时的政治、经济、战略地位非同一般。北齐时期，青州佛教迅猛发展，进入鼎盛时期，佛教

图 4　北齐临淮王像碑碑阳

图 5 北齐临淮王像碑碑阴

图6 唐·李邕题"龙兴之寺"

艺术风格已然非常鲜明。北齐武平四年（573年），青州龙兴寺前身佛堂被朝廷正式赐额南阳寺,同年,司空公青州刺史娄定远在寺中塑制高三丈九尺的无量寿佛及胁侍菩萨并立巨碑（即今藏青州市博物馆的临淮王像碑）。其碑文称："南阳寺者,乃正东之甲寺也。"（图4、5）

北周建德六年（577年），北周灭北齐,设青州总管府。

隋朝建立后,设青州总管府,领齐郡、北海郡、高密郡、东莱郡。大业三年（607年），罢青州,改为北海郡,北海郡、益都县治所均在东阳城,吐万绪、韦操、燕荣先后任总管。青州地区政治清明、社会较为稳定。开皇初年,驼山石窟、云门山石窟相继开凿修建。隋开皇五年（585年），南阳寺改名"长乐",又名"道藏"。

唐朝实行州、县两级制,北海郡改为青州,治东阳城。由于青州军事地位的重要性,设青州都督府,授予都督"带使持节",称节度使,专理青、密、沂、登、齐、淄、莱等七州军事。青州地区农业发达,人口剧增,冶铁、制盐、丝绸等手工业兴盛,生产的"仙纹绫"成为皇室贡品。同时,青州处于东部的十字路口,西通洛阳、长安,东连登州、莱州,由海路达日本、新罗,交通发达,青州成为全国最富庶的地区之一。著名文人崔信明、赵居贞、李邕曾任北海太守,李邕并为龙兴寺题写寺名"龙兴之寺"（图6）。龙兴寺曾在武则天天授二年（691年）由道藏寺改名大云寺。据《新唐书》及青州出土石刻考证,唐神龙三年（707年）至景云二年（711年）间得名龙兴寺。唐宋时期是龙兴寺发展的又一个重要时期。随着寺院经济的发展,龙兴寺不断地建立别院扩展地盘。唐文宗开成五年（840年），著名的日本高僧圆仁路过青州,并夜宿龙兴寺新罗院,还受到官府的接待,说明当时龙兴寺具有官寺的性质。

北宋改革地方行政体制,实行路、州、县三级制。京师汴梁以东为京东路,设安抚使,治所青州。熙宁七年（1074年）改为二十三路，京东路进一步划分为京东东路和京东西路，青州为京东东路、青州、益都县三级治所所在地。京东东路为望郡，管辖益都、临朐、博兴、千乘、临淄、寿光六县，户九万五千余，人口十六万余。青州地区的经济、社会迅猛发展，农业、手工业、商业全面进步，贡品有仙纹绫、梨、枣等。许多朝廷要臣都曾在青州任职，如寇准、文彦博、富弼、范仲淹、欧阳修等，著名女词人李清照随夫赵明诚曾长期居住青州城。北宋景祐四年（1037年）8月，青州前任知州夏竦作《青州龙兴寺重建中佛殿记》，碑记云："（龙兴寺）地势斗绝，堀汹洋水之阴，楼观飞注，翱翔重闉之表，东践绝涧径度于圜阓，西瞰群峰旁属乎原野，十二之胜尽于兹焉。"从碑记可大体推测龙兴寺东、西、北界，即：西侧、北侧临南阳城城墙和洋水（今南阳河），其东界到绝涧（淘米涧）。至于南界，碑文没有确指，当地人传说龙兴寺最盛时南面可抵狮子口（今青州市实验中学）。此范围与20世纪80年代以来出土佛教造像的范围大体吻合，面积超过30万平方米。据地方史志及出土文物记载，其范围内的主要院落有：新罗院、九曜院、志公院、天宫院（老柏院）、百法院、卧佛院等等，楼观重檐，院落重重，形成了庞大的多院式的格局。

南宋高宗建炎三年（1129年），金攻占青州。金代在地方实行路、府（州）、县三级政区制度。青州为益都府驻地，为山东东路（行省）管辖。由于青州东阳城屡次遭受战火，破坏严重，官府衙门遂迁入南阳城。青州的佛寺在战火中也遭受重创，据当时乡贡进士杜昭美撰写的大定六年（1166年）益都府临淄县广化寺经藏院（正觉院）碑记（见《光绪·益都县图志》）记载："时

抵建炎天会间，德阻闰齐，道蚀南宋，时旅荐兴，饥馑数至。大都小邑，梵刹精蓝，尽为灰烬。比丘之徒，寻幽就僻，依山阻水，以葺其居。"位于南阳城中的龙兴寺自然不可幸免，此历史事件或许是导致毁佛并埋于窖穴的直接原因。

元初，设山东行省，治益都。后撤销山东行省，划归中书省直接管辖，在青州设益都路总管府，设山东宣慰司，"就便处理军民之政"。益都路有七万七千余户，人口二十一万余，经济发达，物产丰饶，便利的交通使得物产贸易频繁。经过宋金战乱的破坏，龙兴寺已盛况不再，金人屡次在寺碑碑阴刊刻寺院沿革历史和寺额，似为目睹衰落景象后的无奈之举。元至正九年（1349年），龙兴寺住持讲主福均修缮卧佛院大殿，实为勉强维持寺院衰败之局面。

明洪武元年（1368年），设山东行省，范围大致相当于今天的山东省范围，治所在青州南阳城。洪武九年（1376年），山东行省改为山东布政使司，治所从青州移至济南（历城），青州为府治所在。洪武三年（1370年），明太祖朱元璋庶七子朱榑受封齐王，在南阳城西北部龙兴寺址大兴土木，兴建王府，龙兴寺址遂被湮灭。从刘宋元嘉二年（425年）刘善明舍宅为寺到明洪武三年（1370年）寺址湮灭，青州龙兴寺存世共945年。

清代延续明代青州府、益都县的行政建制，管辖范围没有大的变化。

1912年，撤青州府设胶东道，益都县隶属胶东道管辖。

1948年，青州全境解放，设立青州特别市。1952年复设益都县。1986年，益都县改为青州市（县级）。

三、窖藏发掘

在青州城西部，南阳城西城墙东侧，青州市博物馆南邻，在一片房屋的包围中，保留了一块西高东低的农田。周围农民常年在这里春种秋收，在整理农田时常常会捡出来一些碎石块，但没人把它们当回事儿。

1996年，这片农田东侧，与其隔着一条南北向小土路的益都师范学校征用这片农田建操场。因其地势西高东低，需整平处理。在推土机的嗡嗡声中，时不时有一些小块的石像残腿断臂出现，引来了许多人围观，青州市博物馆的工作人员也时刻关注着施工现场。据发掘者夏名采、庄明军回忆，10月5日星期六晚，在博物馆值夜班的庄明军，在路过这片施工现场时发现了灯光，怀疑有盗掘情况，于是到博物馆值班室打电话通知了王华庆馆长。王馆长通知了西环路派出所，但其无人，于是又通知了风景区派出所。正在洋溪湖值班的马鲁中所长和警员陈学武直接从洋溪湖东侧的断崖爬上来，同时通知所里其他人员两路包抄，将正在盗掘的人员抓住，收缴了一些石像残块，结案后移交到博物馆。

10月6日一早，还没到上班时间，王华庆、夏名采、庄明军到达现场，仔细观察前一晚的盗洞情况。盗洞位于操场的西北部（图7），现场周

图7　盗洞内露出的造像

围凌乱。庄明军首先跳到洞里，发现了叠压的造像。于是发现造像的消息不胫而走。青州市博物馆一边组织人员保护现场，一边将情况报告了上级业务主管部门，申请抢救性发掘。

10月7日，简单的清理工作沿着盗洞的四边往外扩，面积越来越大，但未见四边，于是请山东省文物考古研究所临淄工作站派员支援，罗勋章主任派王会田等两名技工到青州。青州市博物馆的工作人员首先找到了南边的边缘，而后其余三面的边缘也很快找到，由此确定这是一处东西长、南北窄的长方形窖藏。为确保文物安全和推进发掘进度，青州风景区派出所干警和驻青州尧王山的解放军某部一个排战士参与保卫和清理填土工作。博物馆所

有工作人员也进行了统一安排，除保证博物馆正常开放外，其余人员分成了清理、登记、运输、保卫等几个小组，全力以赴保证抢救性发掘工作顺利进行。10月8日，潍坊市文物管理委员会派孙敬明、盛志刚到青州参与发掘工作。

因平整操场时使用机械施工，窖藏上部地层已被铲平，从保留的局部地层观察，窖藏上部地层堆积可分为三层。

第1层：现代耕土，厚约30厘米。

第2层：黄土，厚约50厘米。明代初年增筑青州城墙所留。

第3层：浅灰土，厚15～45厘米。金元时期堆积，并有部分宋代瓷片。

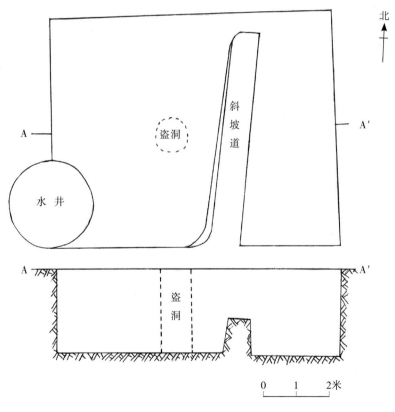

图 8 窖藏平、剖面示意图

图9　窖藏清空后状况

　　窖藏开挖于生土中，平面呈长方形，东西长870、南北
宽680厘米，窖藏坑底至现地表深345厘米，方向北偏东5°
（图8）。偏东部有一南北向斜坡道，长630、宽90厘米，
将窖藏分成了东西两区（图9）。该斜坡偏向东北，为生土，
底距北壁65厘米，应是与窖藏坑挖掘同时所留，或为运放造
像之用。窖藏坑壁垂直，拐角明显。坑壁上留有两种工具痕
迹：一为平头工具痕，宽9厘米；一为圆头工具痕，宽12厘
米。应分别为镢和铲所遗留。窖藏坑底部整修平整，内填花土，
未经夯打。窖藏西半部偏东有一直径100厘米的盗洞，盗洞
中填土较乱，洞底有淤泥。盗洞填土中和洞底未发现包含物，
被盗时间不详（图10）。窖藏西南角有一直径250厘米的圆
井（图11），井深近800厘米，井上部被灰色夯土破坏，夯
土内有石灰，夯筑坚固，为近代所留。井内填土较松散，内

图10　窖藏早期盗洞

图 11　窖藏西南角的圆井

图 12　线刻化生童子

含部分明代砖、琉璃瓦的残件，并清理出 4 件造像头像及部分造像残件，其中 1 件有线刻化生童子图像（图 12）。从出土遗物分析，此井毁于明代，开挖时间不详[1]。

　　窖藏内填埋的造像全部为佛教造像，窖藏西区造像排放相对有序，局部按上、中、下三层排列摆放（图 13），有少量造像呈立式摆放（图 15），出土时顶部不在同一平面上。窖藏东区出土造像相对较少，但几件纪年造像均出土于东区。东区上层造像表面发现有席纹（图 14），推测造像掩埋之时曾用苇席覆盖。窖藏局部有火烧的痕迹。东西两区造像间散置货币。

图 13　窖藏内局部呈三层排列的造像　　　　　　　　　图 14　带席纹的造像

图 15　窖藏内立式摆放的造像

四、出土遗物

1. 佛教造像

经初步整理，窖藏出土造像共计616件（图16）。

从形制和题材来看，计有背屏式造像72件；圆雕佛造像293件，其中头像107件；圆雕菩萨像93件，其中头像27件；圆雕罗汉像16件，其中头像2件；圆雕力士像3件，其中头像1件；浮雕力士像2件；圆雕供养人像4件，其中头像2件；造像足部131件；其他2件。

从造像材质来看，有汉白玉像9件、花岗岩像5件、陶质像3件、铁造像4件，剩余为石灰石造像。泥塑、木质造像因腐朽严重无法统计具体数量。

造像时代跨越北魏、东魏、北齐、隋、唐、宋各代。有纪年造像最早为北魏永安二年（529年）（图17），最晚为北宋天圣四年（1026年）（图18）。

从形制上分为高浮雕造像和圆雕造像两类。高浮雕造像以一佛二菩萨三尊像组合为主，少量为单尊佛像和一佛二菩萨二弟子五尊像组合。圆雕造像有佛、菩萨、天王、力士、罗汉、供养人。

图16　佛教造像整理现场

图 17　北魏永安二年（529 年）韩小华造弥勒像　　　　　图 18　北宋天圣四年（1026 年）罗汉像

2. 经幢

共出土 3 件。石灰石质，均为宋代佛顶尊胜陀罗尼经残幢（图 19）。

3. 塔

1 件。石灰石质，残缺严重（图 20）。

4. 货币

出土古代货币 157 枚。能辨识者有五铢、开元通宝、乾元重宝、唐国通宝、宋元通宝、太平通宝、淳化元宝、至道元宝、咸平元宝、景德元宝、祥符元宝、祥符通宝、天禧通宝、天圣元宝、崇宁重宝（图 21）。

5. 生活容器

灰陶盆，1 件。口径 26、底径 17.5、高 11.5 厘米。破碎严重，盆内下部刻划莲花纹（图 22）。

白釉碗，1 件。口径 20、底径 7.5、高 6 厘米。残破严重（图 23）。

图 19　窖藏石经幢、坐佛像出土场景

图 20　窖藏出土石塔残件

图 21　窖藏出土部分货币

图 22　灰陶盆

图 23　白釉碗

6. 建筑构建

主要出土瓦当3种。有莲花纹瓦当（图24）、莲花联珠纹瓦当（图25）、兽面纹瓦当（图26、27）。

图24　莲花纹瓦当

图25　莲花连珠纹瓦当

图26　兽面纹瓦当

图27　兽面纹瓦当

五、需要说明的两个问题

1. 龙兴寺遗址的勘探

窖藏所在这处空地的地貌曾被多次改变。由于紧邻南阳城城墙，后世修筑城墙必然会对其造成影响。20世纪50年代末，此处曾作为大炼钢铁的场地，当地百姓在这里耕种也会影响其地貌。特别是1996年，益都师范学校在此建造操场平整土地，不仅彻底改变了遗址西高东低的原始地貌，而且推土机推出了大量的砖瓦石块，使这处遗址地下基础部分又一次受到严重破坏。

在窖藏佛教造像出土后，山东省文物考古研究所在现存寺院遗址范围内前后进行了三次考古勘探。

1996年10月底，造像出土后不久，山东省文物考古研究所临淄工作站对出土造像的窖藏及相关地域进行了普探，发现了多处建筑遗迹。但由于时间紧迫，对遗迹没有进行重点勘探，所获取的资料存在一定的误差。

1998年7月，根据山东省文物局的部署，山东省文物考古研究所对遗址进行了全面勘探，对发现的建筑遗迹进行了重点勘探。勘探范围以出土造像的窖藏为中心，包括原操场、惠达宾馆及其北部区域，面积近30000平方米。

2010年9月，山东省文物考古研究所在以往考古勘探的基础上，再次进行重点勘探，取得重要成果。在遗址勘探区域内，共发现20个（组）遗迹单位。这些遗迹单位可大体分为三大部分，包括中轴线三座主建筑、遗址西北遗迹群和东北遗迹群。中轴线三座主体建筑，前、中建筑均为大型建筑，东西、南北长度均为20余米。后建筑较小，功能不详，其北部即现博物馆南厅处应有相关大型建筑，此地曾出土大型的鸱尾。西北遗迹群最为复杂，中间有主体建筑，东、西、南部各有配套建筑，再向南有东西二对称相对较大的建筑。东北区遗迹推测为建筑回廊遗迹，还有面积较大的淤土。西北遗迹群、东北遗迹群推测或为西院和东院。此次考古勘探在遗址东部发现了20余块石块，排列有序，推测为墙体和东门的柱础，初步确认了院落的东墙和东南门。

通过前后几次考古勘探工作，大体了解了遗址的建筑布局，由于未能实施进一步的考古工作，仍有一些问题尚未得到解决，因此，对遗址的规模和总体布局仍有待进一步的考古发掘来验证。

2. 龙兴寺遗址范围内的几次发现

在窖藏发掘前后，遗址范围内曾有几次佛教遗物出土。

最早一次是1987年，在今青州范公亭西路与驼山路交叉口出土了2件北齐时期的贴金彩绘佛立像（图28）和菩萨立像（图29）。

第二次是1998年，在今博物馆南展厅东侧原博物馆家属院发现的两口古井内，出土了12件东魏、北齐时期的佛像（图30）、菩萨像（图31~35）、佛头（图36）、佛足（图37~41），北朝莲花、兽头瓦当（图42~44），以及隋唐五代至宋代的残瓷器等。

此后又陆续在遗址内发现了北齐至唐时期的石雕龙柱残段（图45）、鸱尾（图46）、瓦当、石座残件等。在建青州博物馆展厅时，出土了一件东魏佛像（图47）和一件东魏背屏式造像的左胁侍菩萨（图48）。据一些七八十岁的老人回忆，当年在修整"大寨田"时这一区域就曾挖出过石像。

图 28　北齐贴金彩绘佛立像　　　　　图 29　北齐贴金彩绘菩萨立像

图 30 古井出土北齐贴金彩绘佛像   图 31 古井出土东魏贴金彩绘菩萨像

图 32　古井出土北齐贴金彩绘菩萨像　　　　　图 33　古井出土北齐贴金彩绘菩萨像

图 35　古井出土北齐彩绘菩萨像

图 34　古井出土北齐菩萨像

图 36　古井出土北齐佛头

图 37　古井出土北朝晚期贴金佛足

图 38　古井出土北朝晚期贴金佛足

图 39　古井出土北朝晚期贴金佛足

图 40　古井出土北朝晚期贴金佛足

图 41　古井出土北朝晚期贴金佛足

图 42　古井出土北朝莲花纹瓦当

图 43　古井出土北朝莲花纹瓦当

图 44　古井出土北朝兽面纹瓦当

图 45　北齐—唐石雕龙柱残段

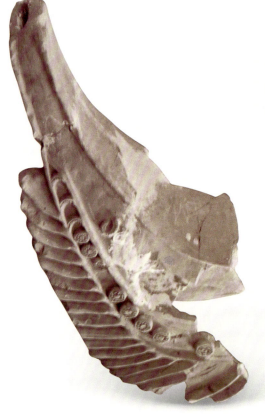

图 46　唐鸱尾

图 47　青州市博物馆南展厅工地出土东魏佛像

图 48　青州市博物馆南展厅工地出土东魏背屏式造像左胁侍菩萨

图 49　北齐法界人中像残件正面

图 50　北齐法界人中像残件背面

　　最近，我们在整理库房时，又将 1999 年青州市公安局查获移交的一件北齐法界人中像残躯，与 2003 年龙兴寺遗址西侧城墙出土的一块残臂拼接在了一起（图 49、50）。期望通过对造像的进一步考古整理与研究，会带给我们更多的惊喜。

注释：［1］山东省青州市博物馆：《青州龙兴寺佛教造像窖藏清理简报》，《文物》1998 年第 2 期，第 4 ~ 15 页。

青州龙兴寺遗址窖藏佛教造像

The Hoarded Buddhist Sculptures at
Longxing Temple Site in Qingzhou

圆雕佛像

卷一

L0189 贴金彩绘圆雕佛立像

北齐（550～577年）

残高73.6、宽33.9、厚15.3厘米

　　石灰石质。

　　头部、手、足缺失。由三块残件粘接而成。颈部、双手各有两个修复圆孔，左手孔内有金属残留物，足部有修复孔洞痕迹。

　　健硕挺拔，宽肩，胸部隆起，背部平直。

　　着褒衣博带式大衣，右衣缘覆搭左肩左臂下垂，内着僧祇支，胸部束结。双排凸棱状衣纹呈"U"形排列。

　　贴金彩绘脱落严重，肩部残留红色彩绘，胸部有贴金痕迹。

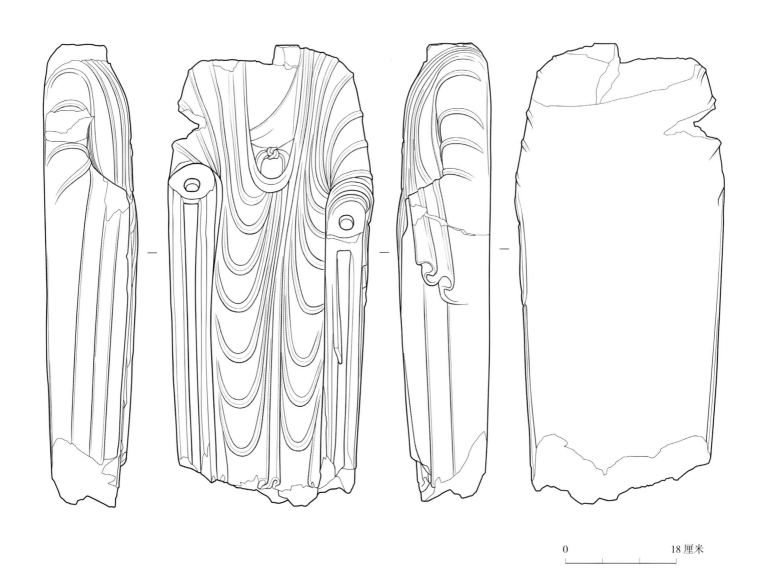

0　　　　　　　　　　　18厘米

L0189 右前侧面

L0189 左前侧面

L0189 右侧面　　　　　　　L0189 左侧面　　　　　　　L0189 背面

L0189 正面衣纹

L0189 胸部

L0189 早期修复痕迹

L0190 贴金彩绘圆雕佛立像

北齐（550～577年）
残高57.7、宽24.1、厚14.8厘米

石灰石质。

头、左手、右手指、双足残缺。由三块残件组成。

身体修长挺拔，平肩，胸、腹部凸起，腿部轮廓明显，背部平直，右手施无畏印。

身着褒衣博带式大衣，右衣缘覆搭左肩下垂，内着僧祇支。大衣未雕饰任何衣纹，仅雕刻两侧衣缘。

通体彩绘田相纹，用墨线起稿。大衣正面田相纹为绿条红块，用金线间隔，背面田相纹不再用金线，红色彩绘上装饰六瓣花贴金图案。大衣外缘施蓝色。中衣、下衣田相纹为红条绿块。胸、手贴金。。

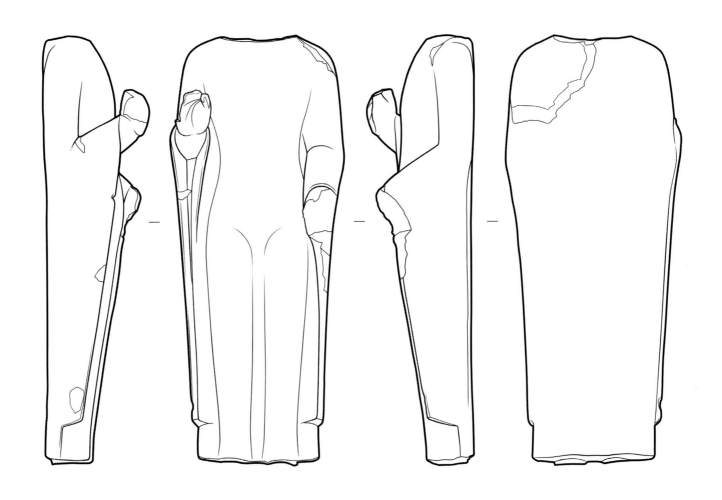

0   15厘米

L0190 正面

L0190 右前侧面   L0190 左前侧面

L0190 背面

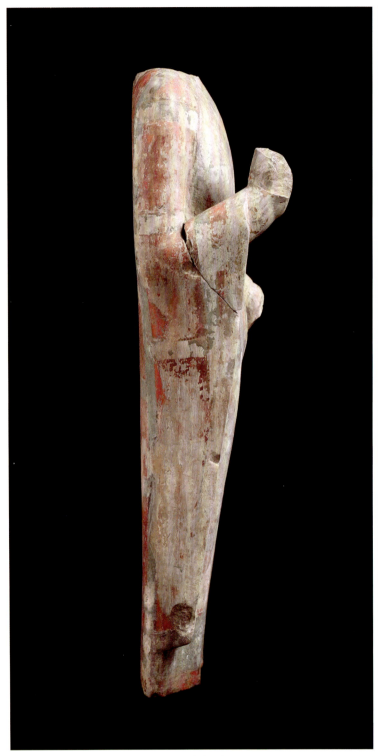

L0190 右侧面   L0190 左侧面

L0190 胸部

L0190 大衣贴金图案 │ L0190 大衣贴金图案

L0191　贴金彩绘圆雕佛立像

北齐（550～577 年）
残高 71.6、宽 27.9、厚 12.3 厘米

石灰石质。

头、头光、左手、双足残缺。

身体挺拔修长，平肩，胸、腹微凸，双腿轮廓清晰，背部平直。右手下垂，大拇指、食指、中指捏衣角。

身着通肩大衣，薄衣贴体，仅雕刻衣缘，外衣下缘露下衣。

通体彩绘。头光双面彩绘。大衣墨线起稿，施绿条红块的田相纹饰，金线间隔，中间装饰红白色连珠纹。背部彩绘纹饰较正面简单。颈部、手、足、两侧衣缘处贴金。

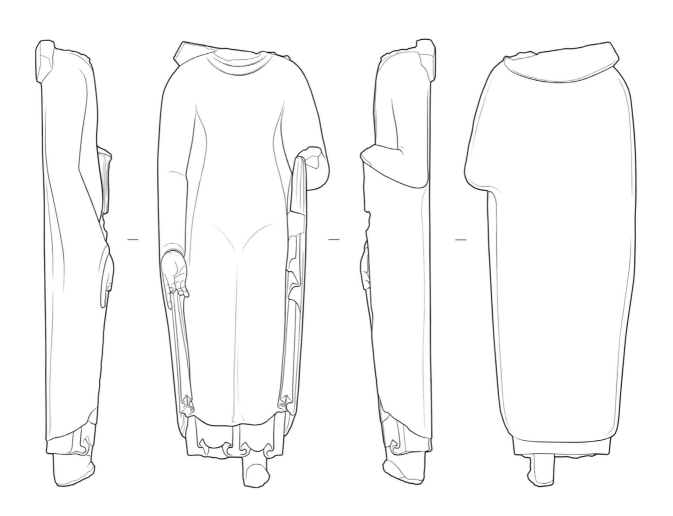

0 ────────── 18厘米

L0191 正面

L0191 右前側面   L0191 左前側面

L0191 背面

L0191 右侧面

L0191 左侧面

L0191 右手

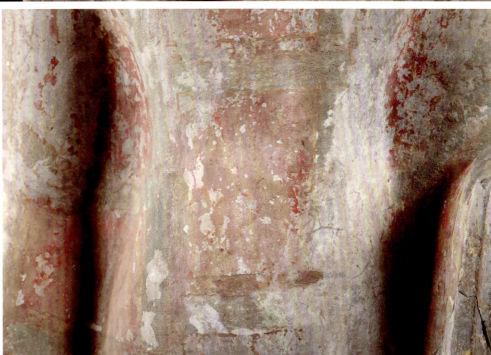

L0192 贴金彩绘圆雕佛立像

北齐（550～577 年）
残高 54.4、宽 23.4、厚 11.6 厘米

　　石灰石质。

　　头、双手、足残缺。颈部有圆孔，背部有高 4.5、宽 4.5
厘米的方形凿孔。

　　腹部微凸，背部平坦。

　　着袒右红色大衣，胸部刻出衣缘，薄衣贴体，左肩
有贴金和墨线残留痕迹。

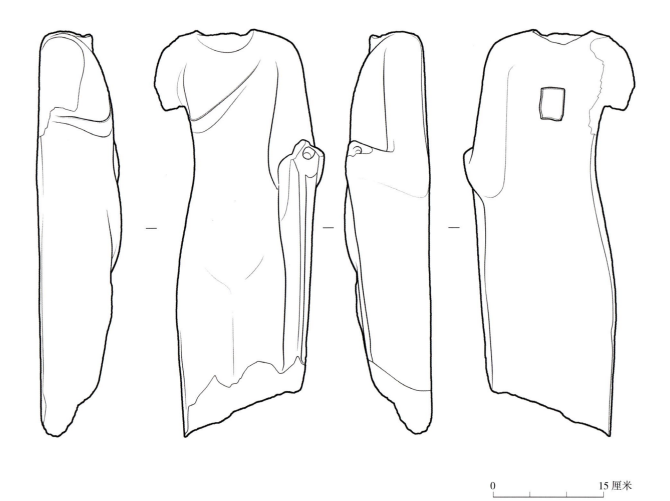

0   15 厘米

L0192 右前側面

L0192 右侧面   L0192 左侧面

L0192 背部方形凿孔

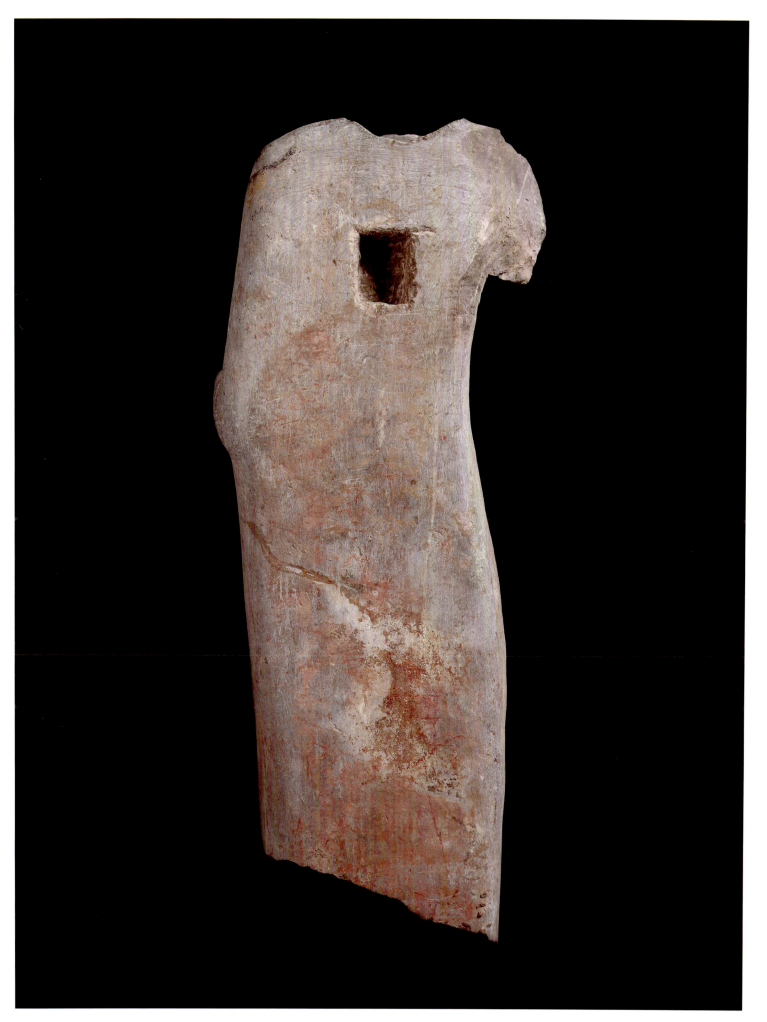

L0193　贴金彩绘圆雕佛立像

北齐（550～577 年）

残高 84.2、宽 27.9、厚 15.9 厘米

　　石灰石质。

　　下颌以上、双手、左侧腿部部分缺失。由五块残件粘接而成。

　　平肩，腹部微凸，背部平直，跣足立于莲台上，有榫。

　　着褒衣博带式大衣，内着僧祇支，阶梯状衣纹在身前呈"U"形排列。大衣下缘露出波浪状下衣。

　　通体彩绘。大衣为白色间隔，绿条红块田相衣纹，再装饰四瓣菱形贴金图案。下衣施红条绿块彩绘。彩绘存在变黑情况。颈、胸、足部贴金。

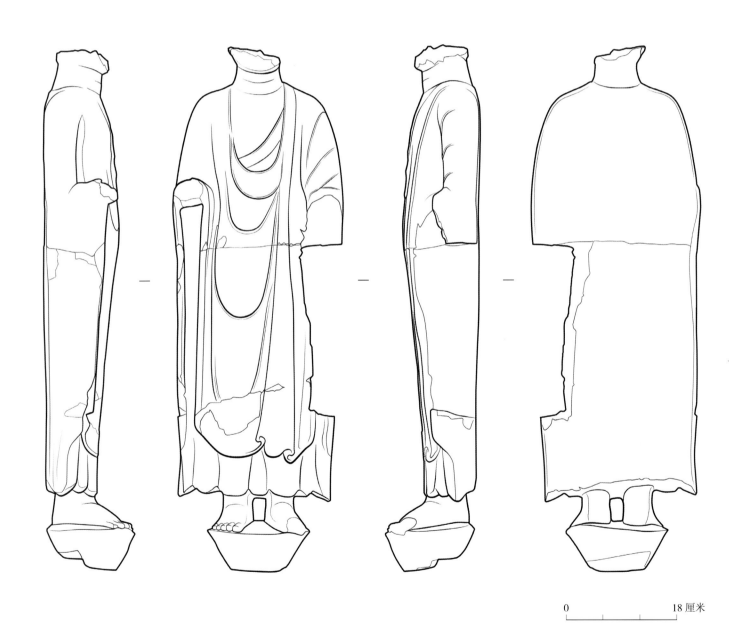

0　　　　　　　　　　18 厘米

L0193 右前侧面   L0193 左前侧面

L0193 背面

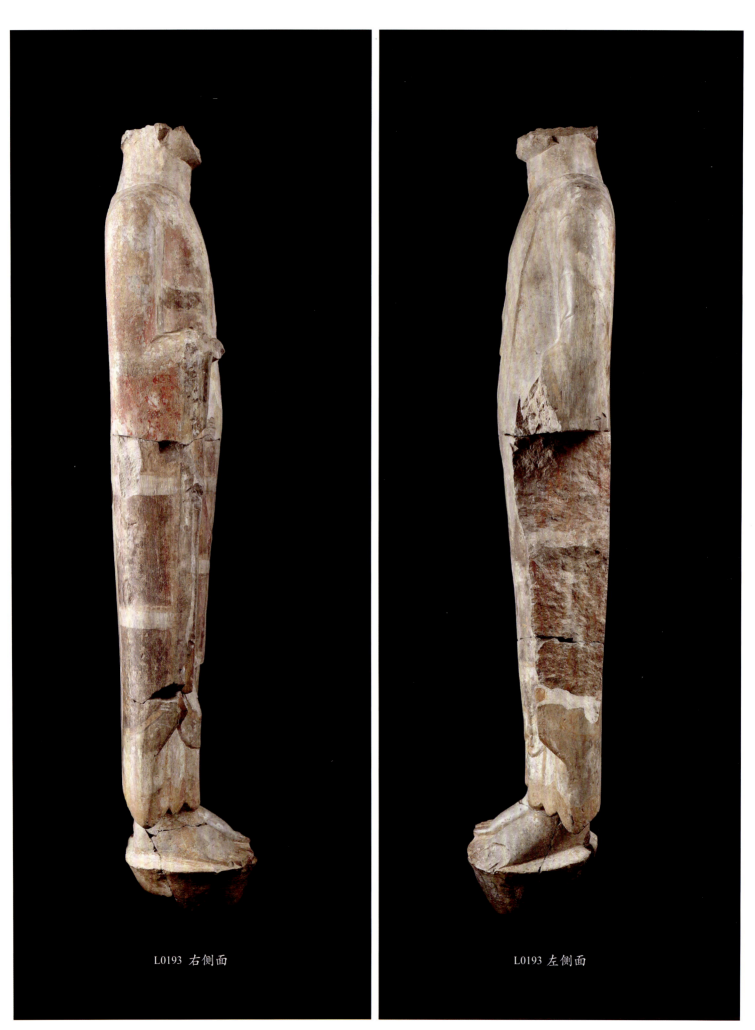

L0193 右侧面   L0193 左侧面

L0193 大衣贴金图案

L0193 大衣贴金彩绘图案

L0194 贴金彩绘圆雕佛立像

北齐（550～577 年）
残高 41.3、宽 26.2、厚 14.9 厘米

石灰石质。

头、右肩、左手、腿部以下缺失。由五块残件粘接而成。

造像正面胸部平坦，腹部微凸，右手下垂握衣角，背面肩胛、双臂、臀部轮廓明显。

身着通肩大衣，薄衣贴体。未雕刻衣纹、只雕刻衣缘。

通体彩绘，脱落严重。颈、手部贴金。

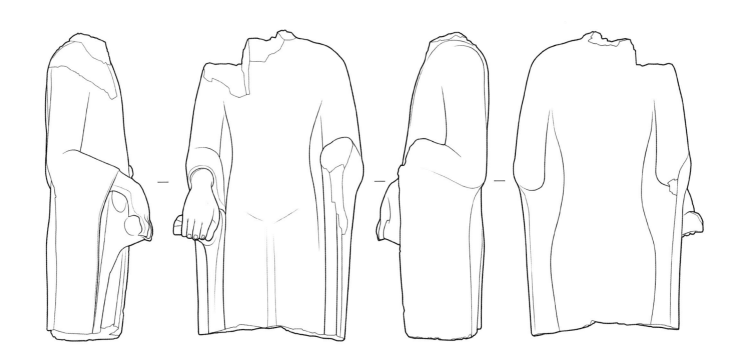

0   15 厘米

L0194 正面

L0194 右前侧面

L0194 左前侧面

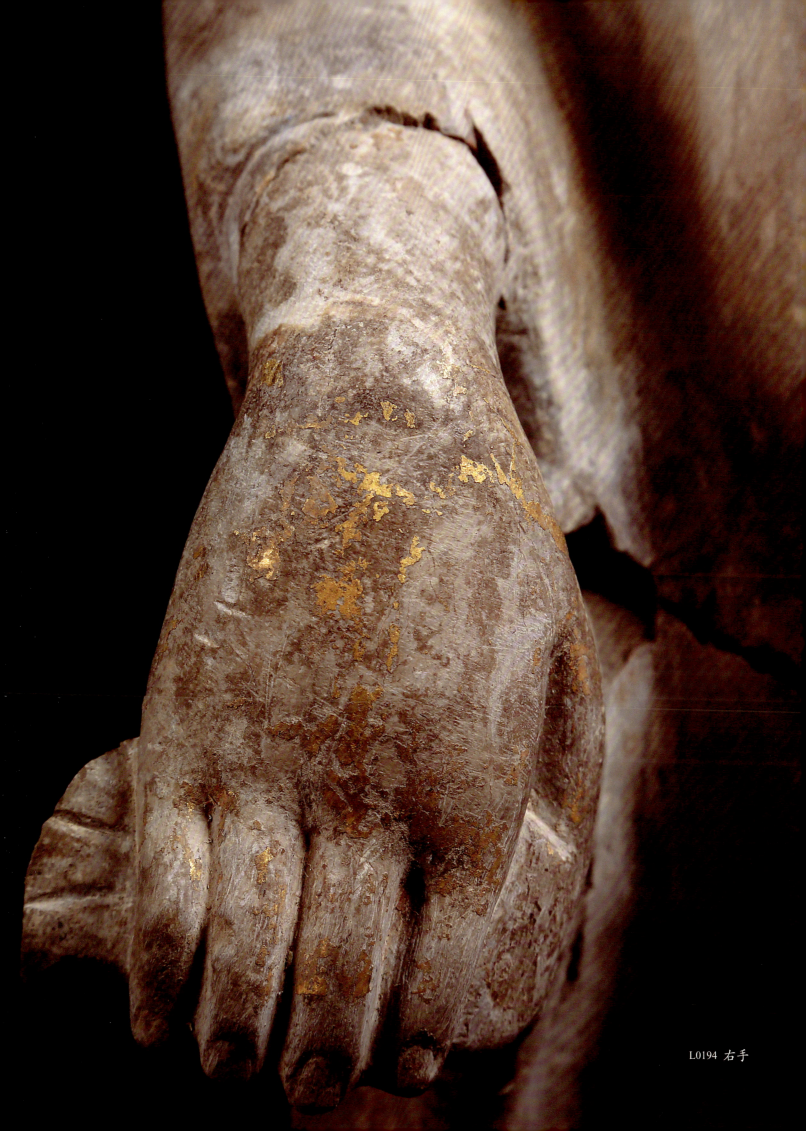

L0194 右手

L0194 右侧面

L0194 左侧面

L0194 背面

L0195 贴金彩绘圆雕佛立像

北齐（550～577 年）
残高 142.9、宽 41.4、厚 22 厘米

石灰石质。

头、右手缺失。由三块残件粘接而成。

双肩圆润，胸、腹部微凸。左手下垂，手掌外翻握衣角，跣足立于莲台上，下有榫。

着褒衣博带式大衣，薄衣贴体。仅雕刻衣缘，胸前露出彩绘的僧祇支。

通体彩绘。大衣用墨线起稿，施绿条红块田相纹饰，间隔处装饰连珠纹。彩绘僧祇支，白色打底，用红色线条装饰枝蔓和连珠纹，与下衣下缘彩绘图案相同。颈部、胸部、手、足贴金。

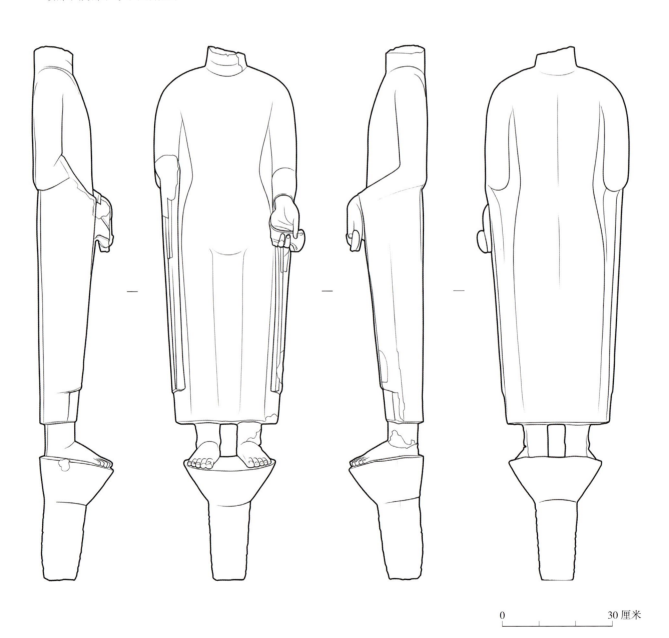

0   30 厘米

L0195 正面

L0195 右前侧面   L0195 左前侧面

L0195 足部

L0195 右侧面　　　　　　　　L0195 左侧面　　　　　　　　L0195 背面

L0195 大衣彩绘图案

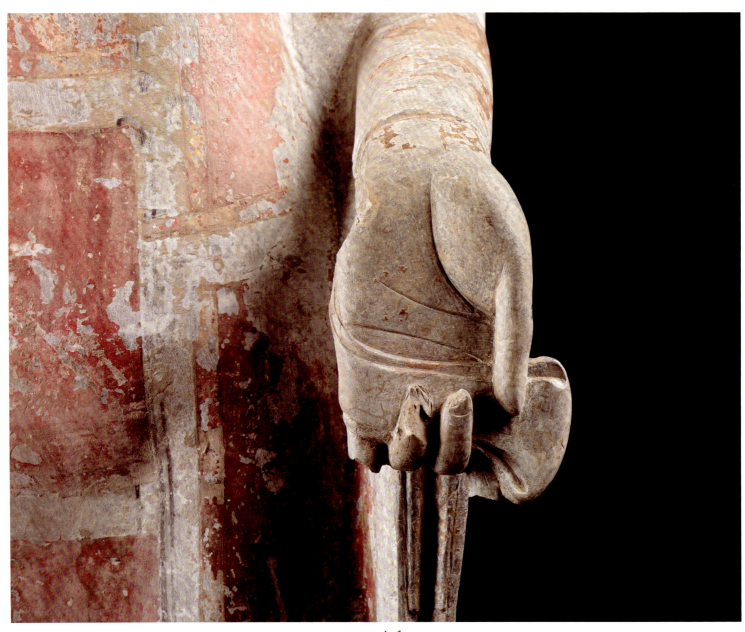

L0195 左手

L0195 左侧彩绘图案

L0195 胸部

L0195 正面彩绘图案

L0196 贴金彩绘圆雕佛立像

北齐（550～577 年）

残高 51.6、宽 23.5、厚 14.5 厘米

石灰石质。

头、左手指、右臂、双足缺，腿部有双孔。由两块残件粘接而成。

颈部有蚕节纹，体态挺拔，平肩，胸部略微隆起，腹部微凸，腿部轮廓明显，背部平坦。左手下垂执衣角。

薄衣贴体，无雕刻衣纹。

彩绘脱落严重，残留红色和白色彩绘。衣缘处贴金。

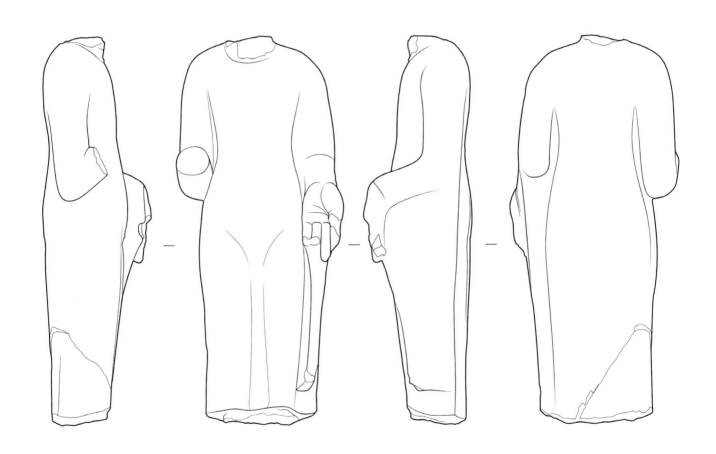

0   15 厘米

L0196 正面

L0196 右前侧面   L0196 左前侧面

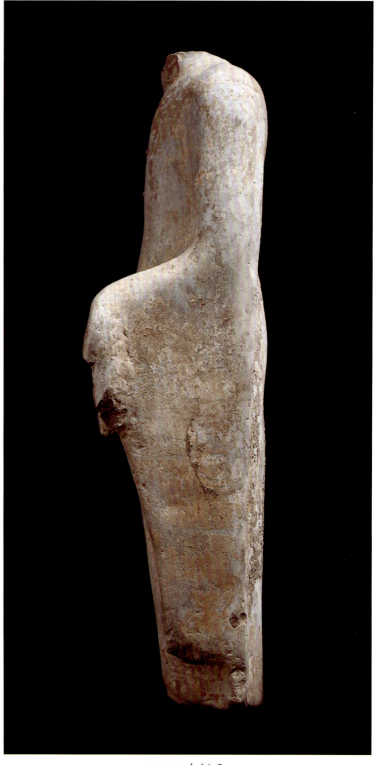

L0196 右侧面   L0196 左侧面

L0197 彩绘圆雕佛立像

北齐（550～577年）
残高90.6、宽34.1、厚16.1厘米

　　石灰石质。
　　头、左肩、双手、双足缺失。由八块残件粘接而成。
右手有两个修复圆孔，双足间有长方形沟槽。
　　体态修长挺拔，胸部微凸，背部平直。
　　着褒衣博带式大衣，内着僧祇支。阶梯状衣纹呈"U"
形下垂。
　　通体彩绘，施红条白块田相纹饰。彩绘脱落严重。

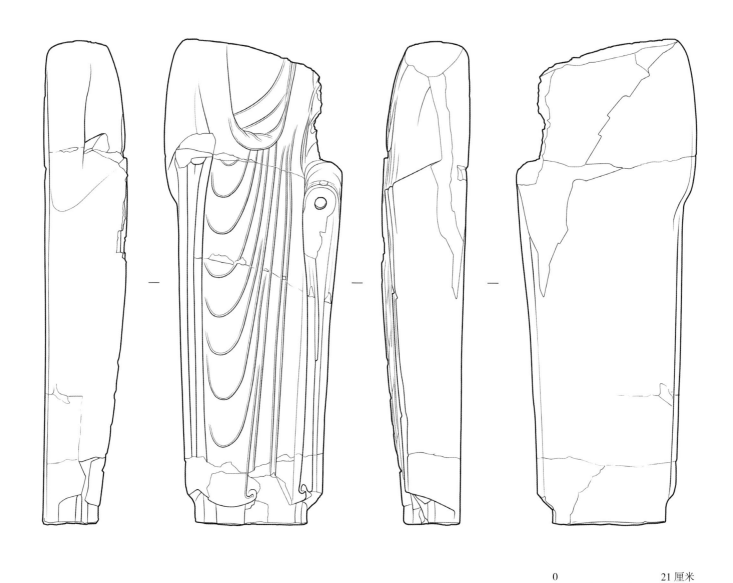

0   21 厘米

L0197 正面

L0197 右前侧面   L0197 左前侧面

L0197 背面

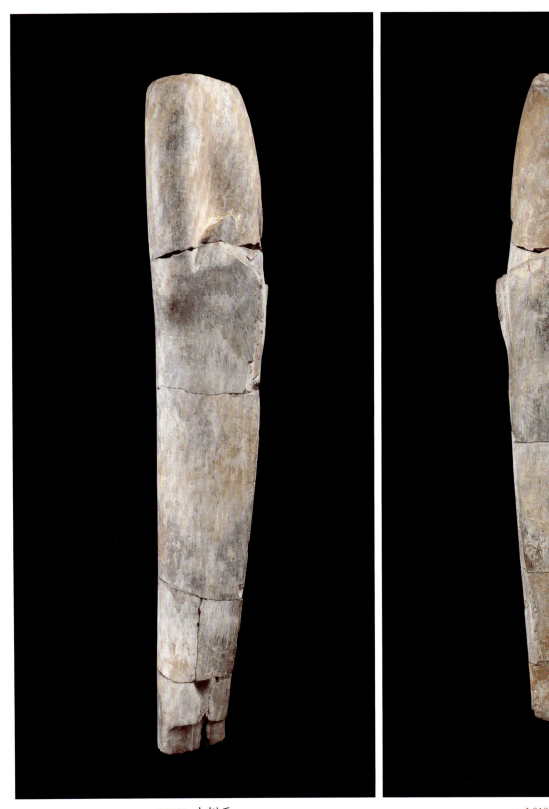

L0197 右侧面　　　　　　　　　　　　　　　　L0197 左侧面

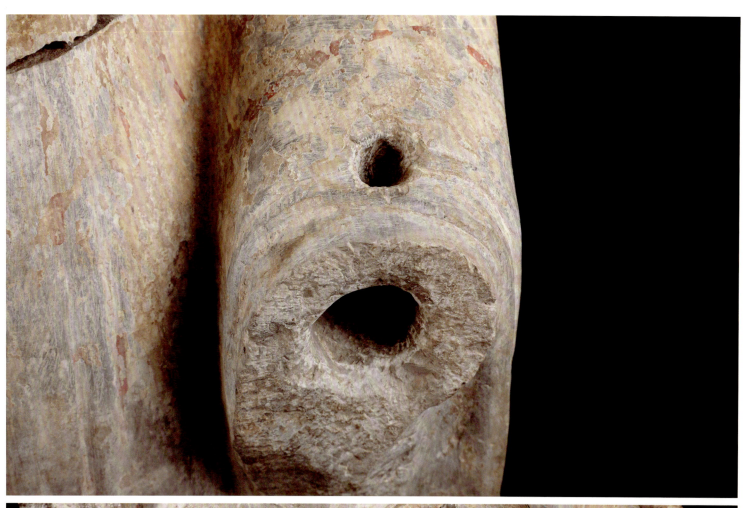

L0199 贴金彩绘圆雕佛立像

北齐（550～577 年）

残高 53.3、宽 26.1、厚 16.9 厘米

石灰石质。

头、左手、腿部以下缺失。

颈部有两条蚕节纹。削肩，胸、腹部微凸，双腿轮廓清晰，右手施与愿印。背部平坦。

着通肩式大衣，薄衣贴体，无雕刻衣纹，只雕刻衣缘。

通体彩绘。大衣施红条黄块间隔的田相纹饰，背部彩绘脱落严重。左侧衣袖处彩绘为多层，红色上覆盖白色彩绘。颈、右手残留少许贴金。

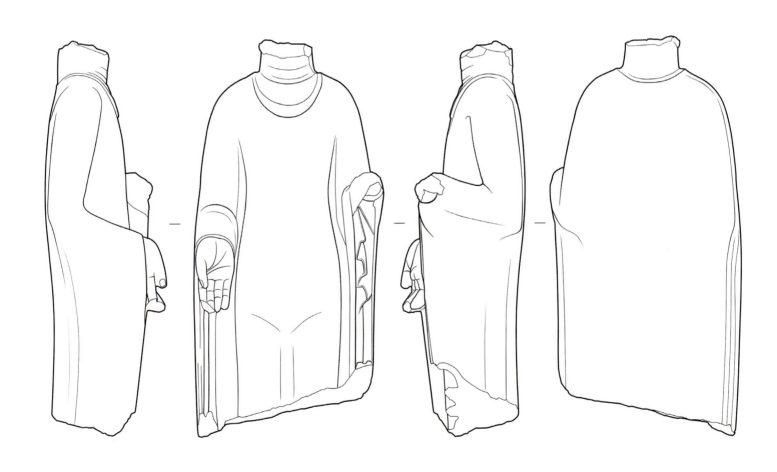

0   15 厘米

L0199 右前侧面   L0199 左前侧面

L0199 右侧面   L0199 左侧面   L0199 背面

L0199 正面衣纹

L0199 右手

L0200 彩绘圆雕佛立像

北齐（550～577 年）
残高 60.3、宽 29.3、厚 16.5 厘米

石灰石质。

残缺严重，仅保留躯干部分，由四块残件粘接而成。
颈部、左臂、右肩均有修复圆孔。

着袒右大衣，薄衣贴体，衣纹简洁。线刻衣纹从
左肩呈弧形垂至右侧。

通体彩绘脱落严重，残留白色彩绘。

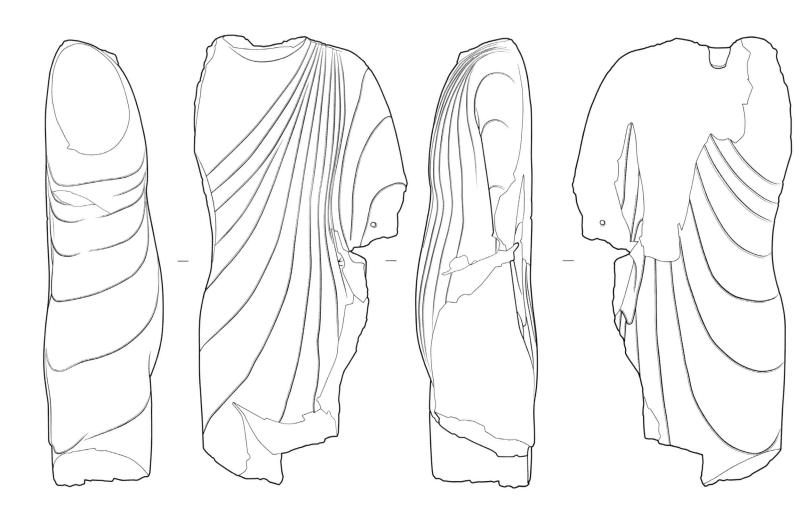

0   15 厘米

L0200 正面

L0200 右前侧面   L0200 左前侧面

L0200 右侧面   L0200 左侧面   L0200 背面

L0200 早期修复痕迹

L0200 正面衣纹

L0202 贴金彩绘圆雕佛立像

北齐（550～577 年）
残高 50.3、宽 20.1、厚 11.1 厘米

石灰石质。

头部、双手、双足残缺。

胸部隆起，腹部微凸，腿部轮廓明显，背部平直。

薄衣贴体，无雕刻衣纹，只雕刻衣缘，大衣下缘
露出下衣。

前身彩绘脱落严重，服饰样式不清。背部彩绘保
存较好，彩绘绿条红块田相纹饰，红块上装饰菱形贴
金图案，边缘用金线装饰。颈部、胸部残留少许贴金。

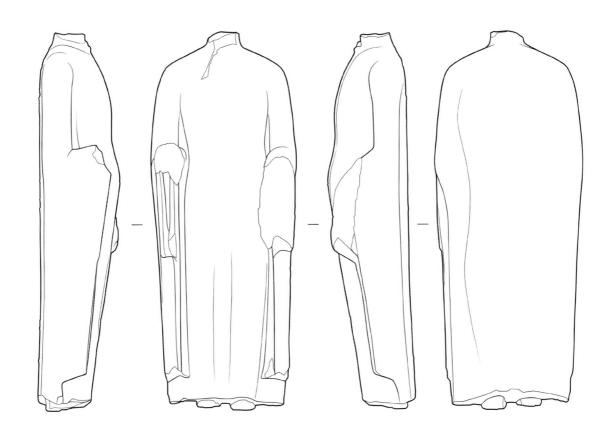

0   15 厘米

L0202 左前侧面

L0202 正面衣纹

L0202 右側面   L0202 左側面

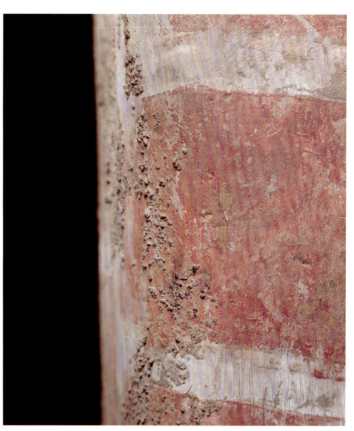

L0202 大衣贴金图案

L0202 背面

L0203　贴金彩绘圆雕佛立像

北齐（550～577 年）
残高 43.1、宽 16.2、厚 13.7 厘米

　　石灰石质。

　　头部、右臂、左手指、足部缺失。由两块残件粘
接而成。

　　正面胸部平坦，腹部微凸，背部、腿部轮廓明显。
左手施与愿印。

　　着袒右大衣，光滑紧贴于身，无衣纹，只雕刻衣缘，
大衣右侧有凸起，下缘露下衣。

　　大衣施朱彩，正面有八瓣菱形金花纹饰。手、胸
部贴金。

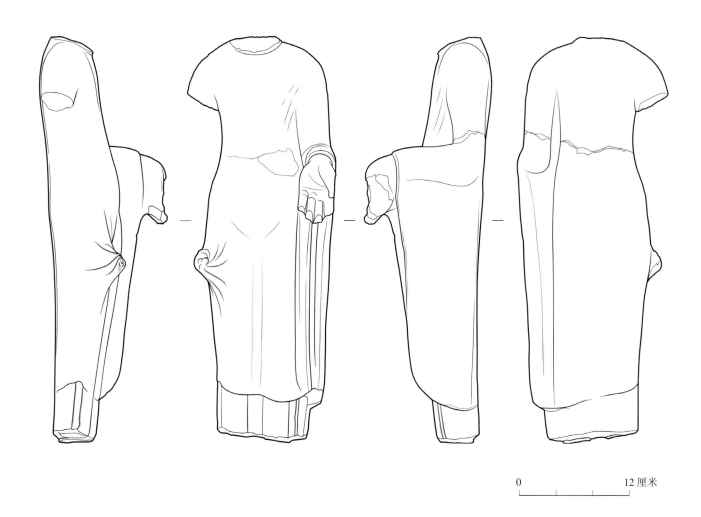

0　　　　　　　　　　　　　　12 厘米

L0203 正面

L0203 右侧面

L0203 左侧面

L0203 左手

L0203 大衣贴金图案

L0204 贴金彩绘圆雕佛立像

东魏（534～550年）
残高64.1、宽21、厚13.9厘米

石灰石质。

头、双手残缺，由三块残件粘接而成。

体态挺拔修长，削肩，含胸，腹略凸，跣足立于莲台上，下有榫。左手、衣缘处留有修复圆孔，衣缘有打磨痕迹。

着褒衣博带式大衣，右衣缘覆搭左肩左臂后下垂，内着僧祇支，胸部束结。大衣下缘露出中衣和下衣，下摆外侈，遮盖莲台。

通体彩绘。彩绘脱落严重，正面残留少许红色彩绘，颈部残留少量贴金。胸部有席纹痕迹，背部有大量结壳。

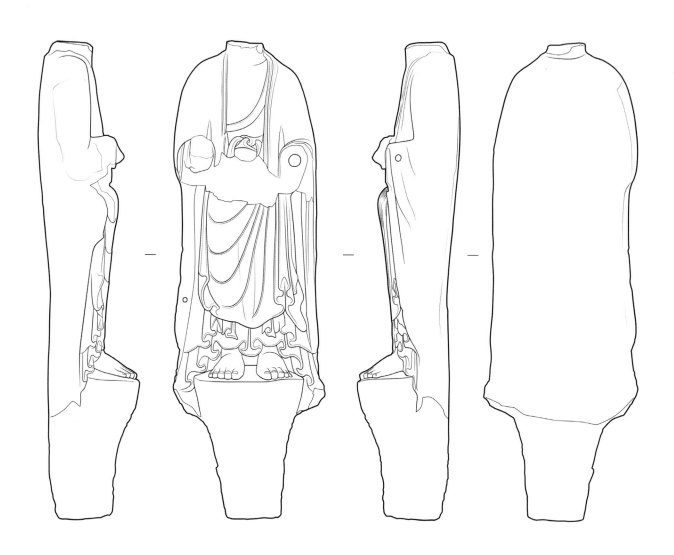

0   15 厘米

L0204 正面

L0204 右前侧面   L0204 左前侧面

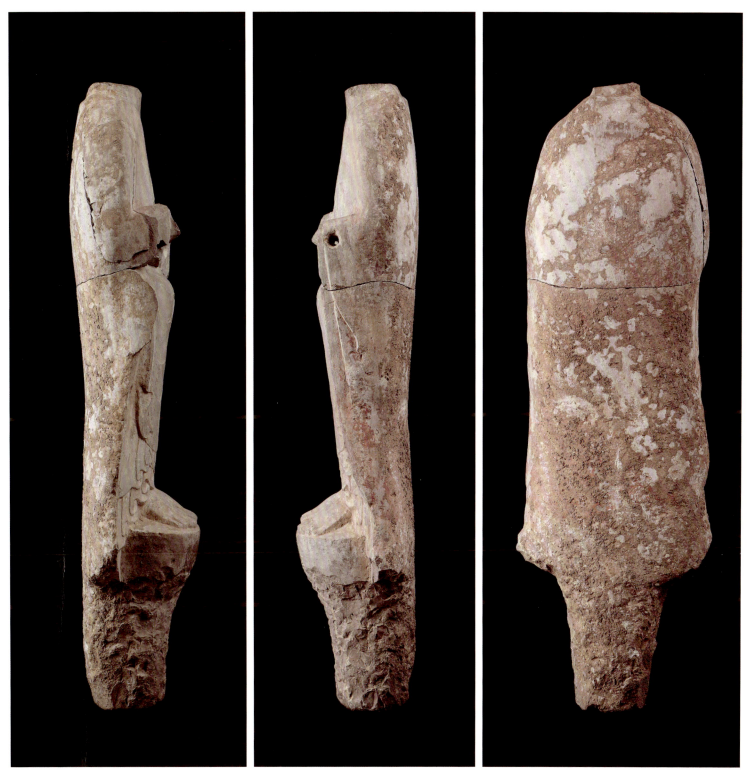

L0204 右侧面   L0204 左侧面   L0204 背面

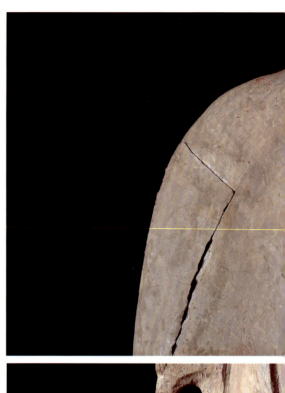

L0204 席纹痕迹 ｜ L0204 早期修复痕迹

L0204 正面衣纹

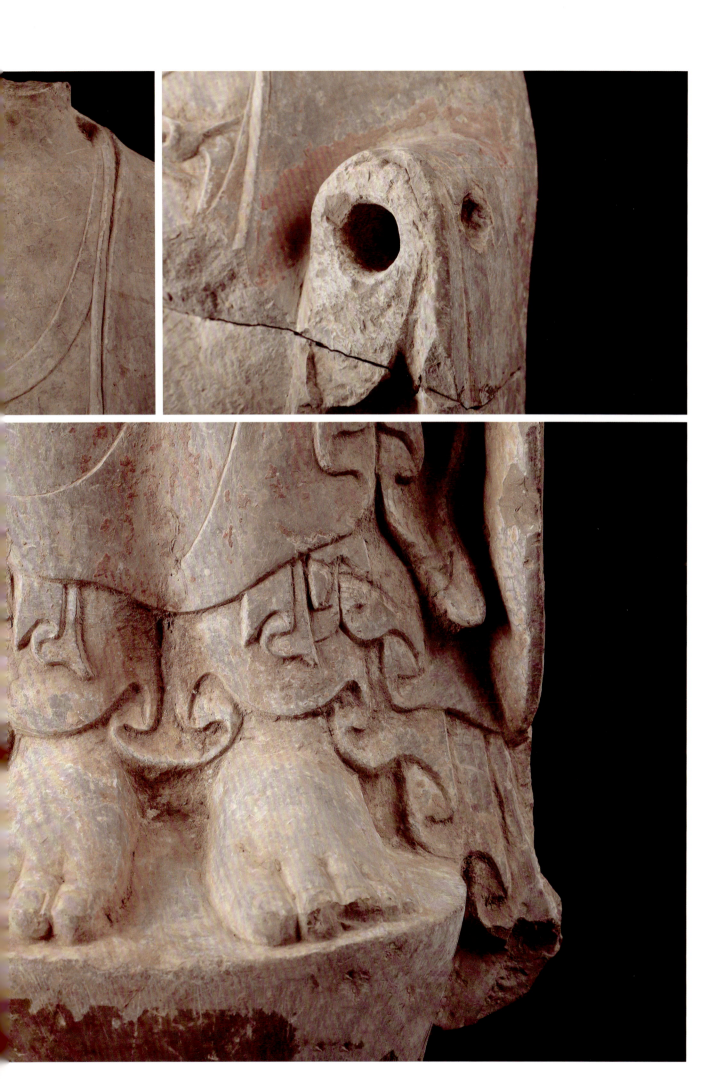

L0205 彩绘圆雕佛坐像

北齐—隋（550～618年）
残高 63.5、宽 55、厚 40 厘米

石灰石质。

头、双手残缺。颈部和右手处有修复圆孔。

结跏趺坐，左腿覆压右腿，坐于椭圆形仰莲基座上。

着袒右大衣，右衣缘覆搭左肩左臂。中衣自左肩
绕颈，覆搭右肩下垂盖右臂、右膝、左脚。

彩绘脱落严重，残留白色彩绘。

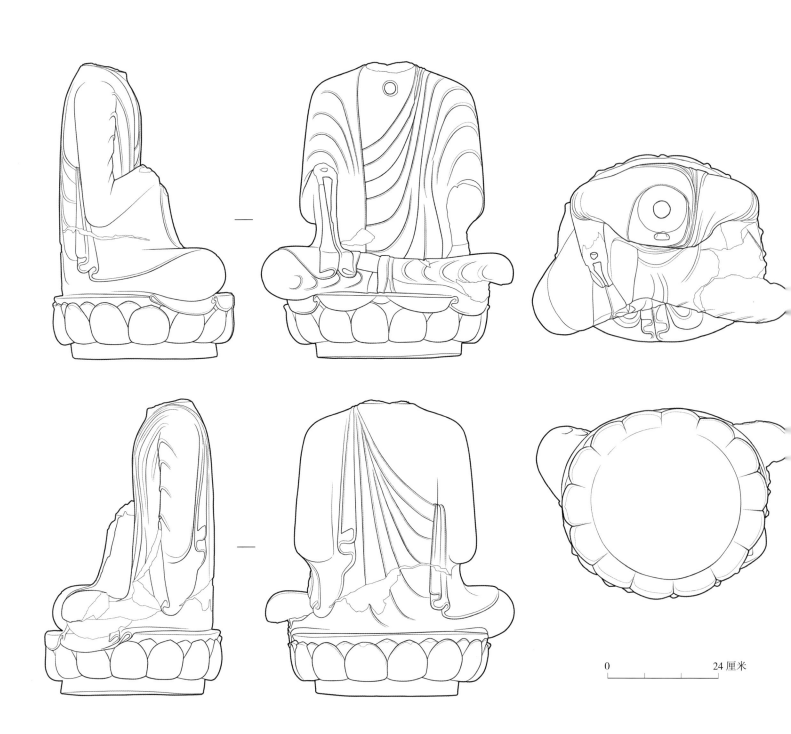

0　　　　　　　　24厘米

L0205 正面

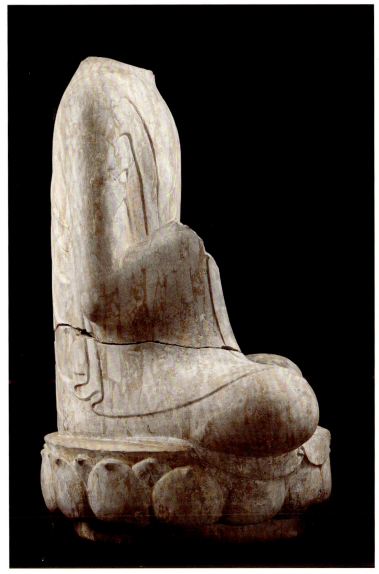

L0205 右侧面

L0205 左侧面

L0205 背面

122

L0205 早期修复痕迹

L0205 俯视

L0205 底面

L0206 贴金彩绘圆雕佛立像

北齐（550～577年）
残高 130.2、宽 38.7、厚 21.6 厘米

　　石灰石质。

　　头、双手缺失，下有榫。由八块残件组成。

　　胸、腹部隆起，背部平直，跣足立于莲台。

　　着褒衣博带式大衣，身前雕刻双排阶梯状"U"形
衣纹，内着僧祇支，大衣下缘露下衣。

　　胸部残留红色彩绘的交领中衣痕迹，胸、足部残
留贴金。

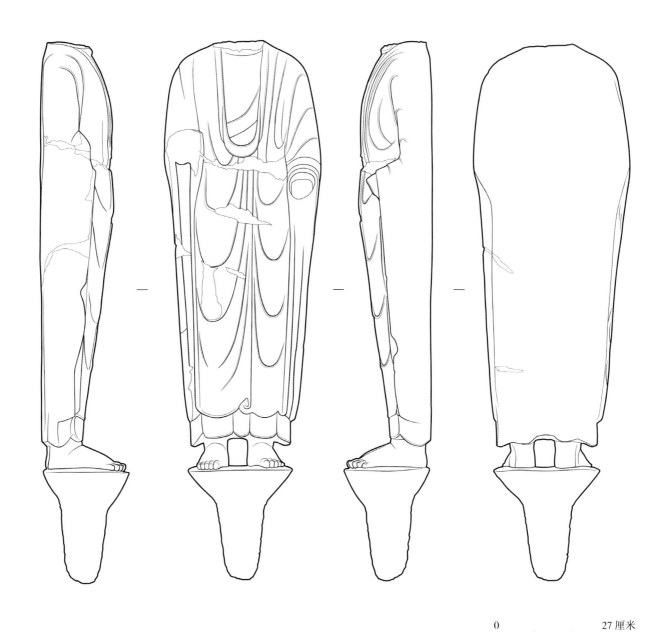

0　　　　　　　　　　　　　　27 厘米

L0206 正面

L0206　右前侧面　　　　　　　　　　　　　　L0206　左前侧面

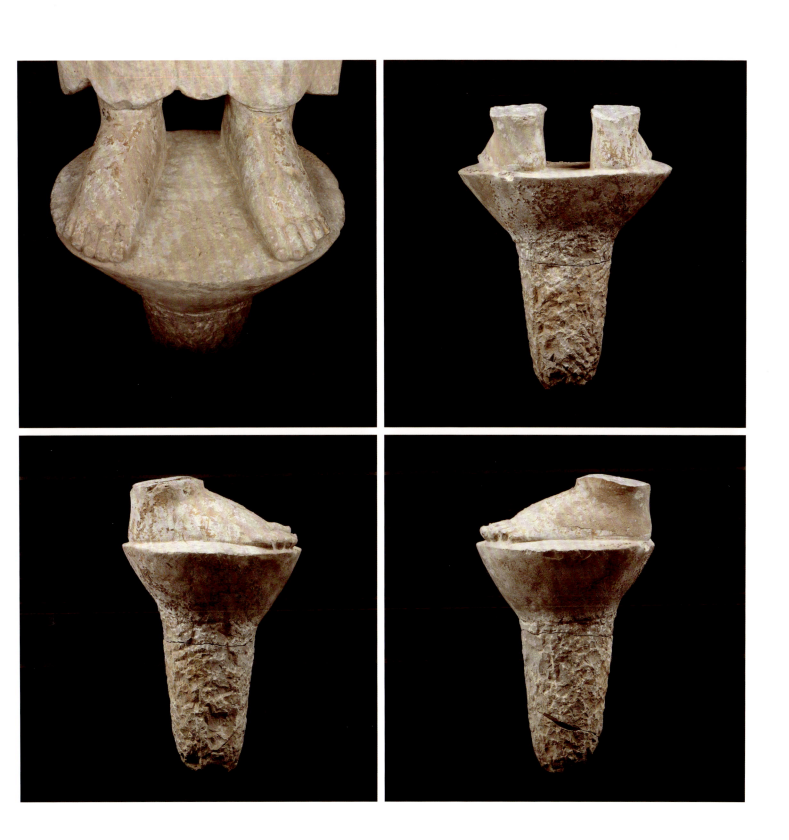

L0206 足座正面 | L0206 足座背面

L0206 足座右侧 | L0206 足座左侧

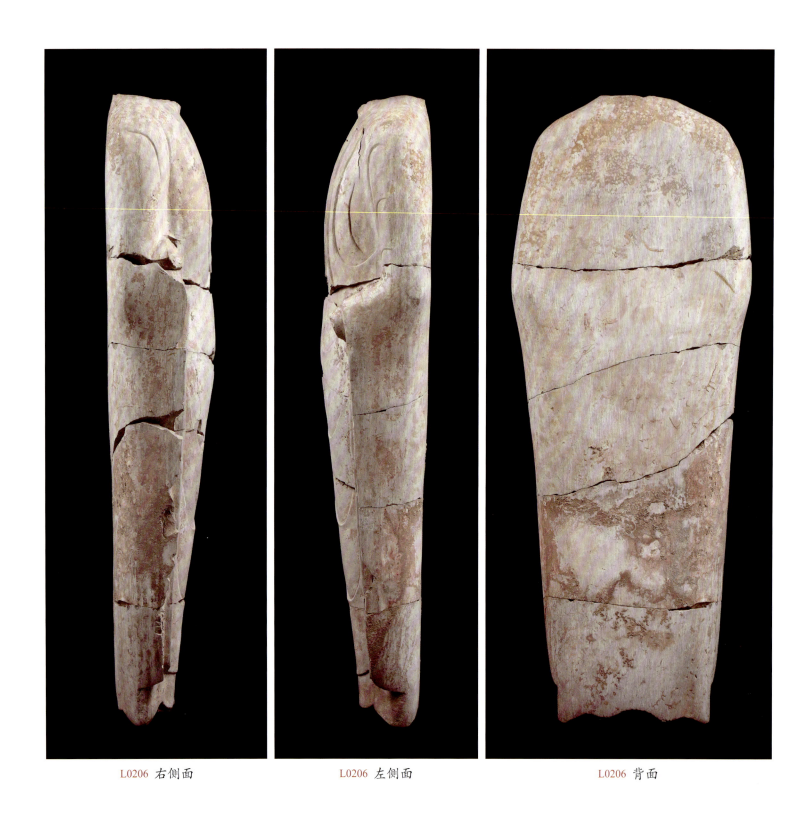

L0206 右侧面　　　　　　　L0206 左侧面　　　　　　　L0206 背面

L0206 正面衣纹

L0208　贴金彩绘圆雕佛立像

北魏晚期—东魏（500～550 年）

残高 85、宽 35、厚 16.1 厘米

　　石灰石质。

　　头、双手、双足缺失。颈部、双手处有修复圆孔，断截面打磨痕迹明显，孔内未发现修复的金属痕迹。

　　削肩，胸部平坦，腹部微凸，背部平直。

　　着褒衣博带式大衣，右衣缘甩搭左腕。内着僧祇支，胸前束结。双肩和腹部的衣纹均呈阶梯状下垂，背部平坦无衣纹。

　　通体彩绘。大衣施绿条红块田相纹饰，中衣施红条绿块纹饰，下衣红色条纹上有水滴状纹饰。胸部贴金，局部衣褶处施金。

0　　　　　　　　　　21 厘米

L0208 右前侧面

L0208 左前侧面

L0208 右侧面

L0208 左侧面

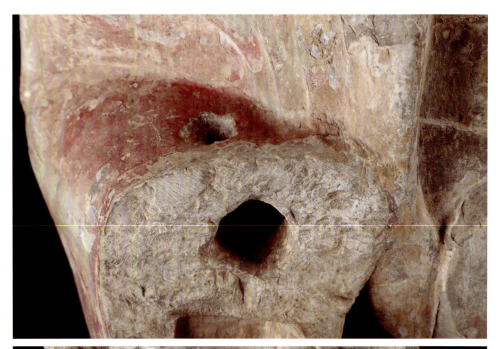

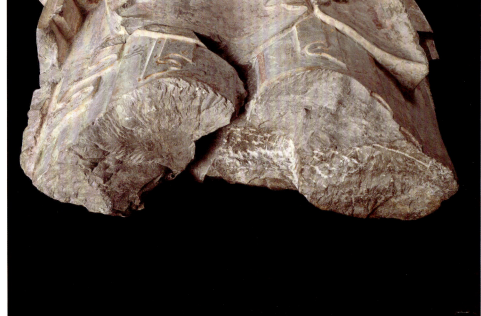

L0208 早期修复痕迹

L0208 早期修复痕迹

L0208 下衣上的彩绘图案

L0208
正面衣

L0210　贴金彩绘圆雕佛立像

北齐（550～577 年）

残高 133.8、宽 33.8、厚 20.7 厘米

石灰石质。

头、颈、右臂、左手指缺失。由五块残件粘接而成。

佛像整体修长挺拔，胸部、腹部微凸，左手下垂施与愿印，腿部线条明显，背部平直。跣足立于莲台上。

薄衣贴体。身前大衣两侧衣缘在胸前垂下，形成"U"形，露出内着的僧祇支。前身无衣纹，大衣下缘露下衣。背部雕刻袒右式大衣样式。

通体彩绘。彩绘脱落严重，正、背面残留田相纹。手、足部残留部分贴金。

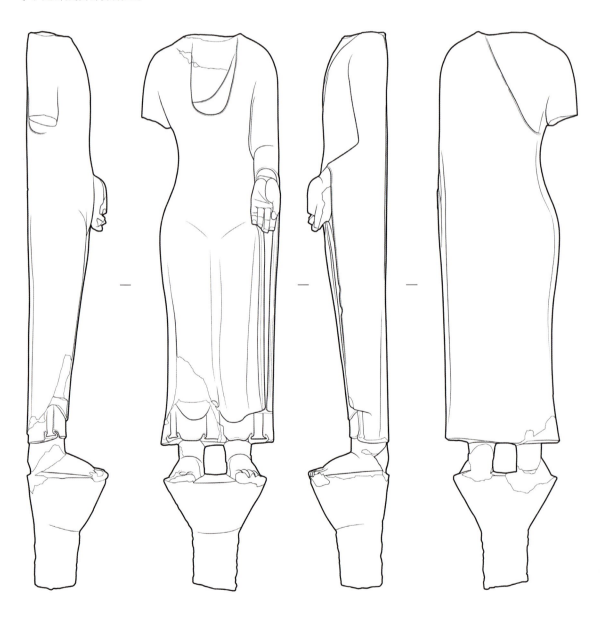

0   27 厘米

L0210 正面

L0210 右前侧面   L0210 左前侧面

L0210 右侧面   L0210 左侧面   L0210 背面

L0210 左手

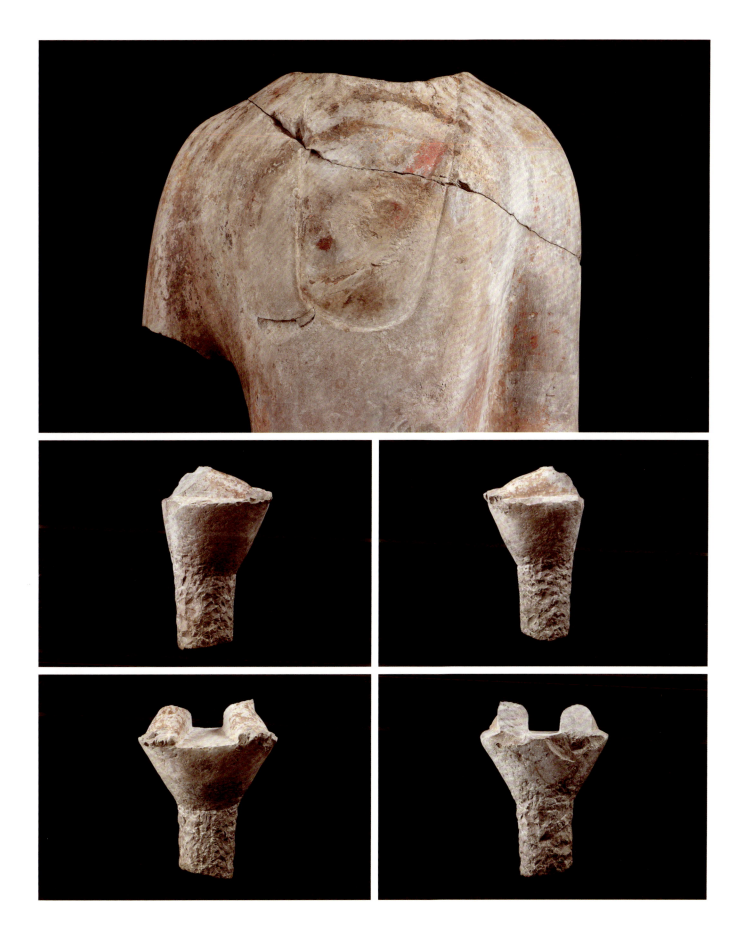

L0210 胸部

L0210 足座右侧	L0210 足座左侧
L0210 足座正面	L0210 足座背面

L0211 贴金彩绘圆雕佛立像

北齐（550～577 年）
残高 96.6、宽 27.1、厚 22.4 厘米

　　石灰石质。
　　双手、胸部以上缺失。由两块残件粘接而成。
　　腹部微凸，腿部线条轮廓明显，背部平直。跣足立于莲台上。
　　正面无雕刻衣纹，大衣下露出下衣，左、右两侧雕刻出衣缘。
　　通体彩绘，脱落严重。大衣残留红色彩绘，下衣残留绿色彩绘。莲台上施绿色彩绘，莲台外施红色彩绘。足部贴金。

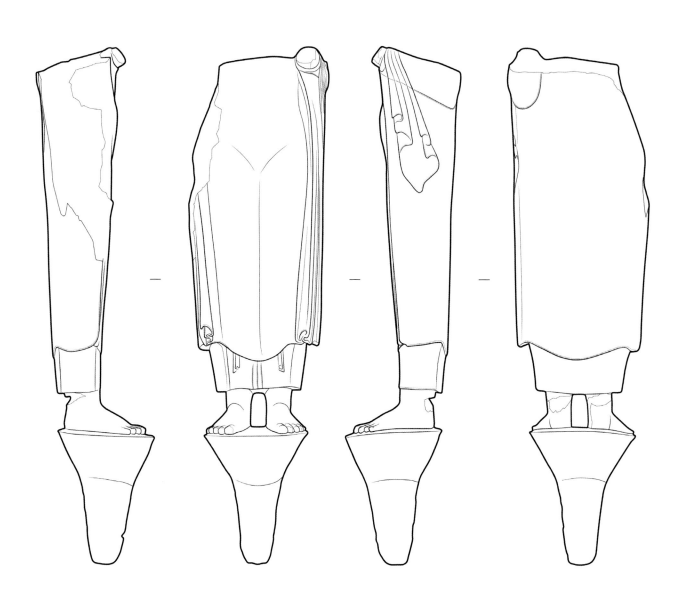

0 ├──┼──┼──┤ 21 厘米

L0211 正面

L0211 右侧面

L0211 左侧面

L0211 背面

146

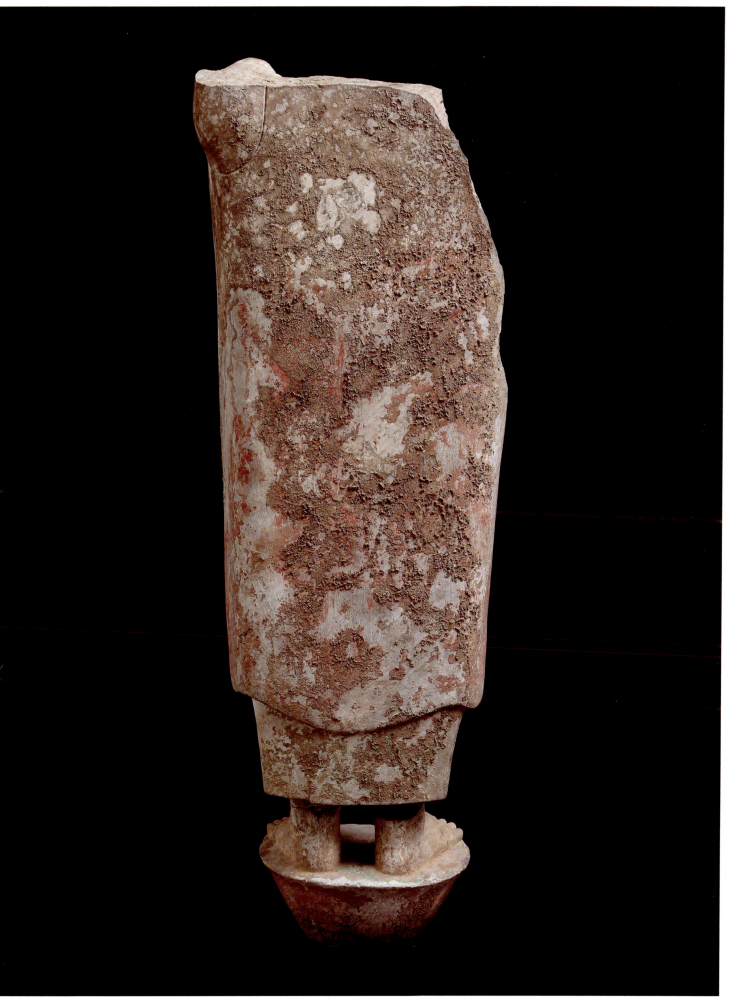

L0211 正面衣纹

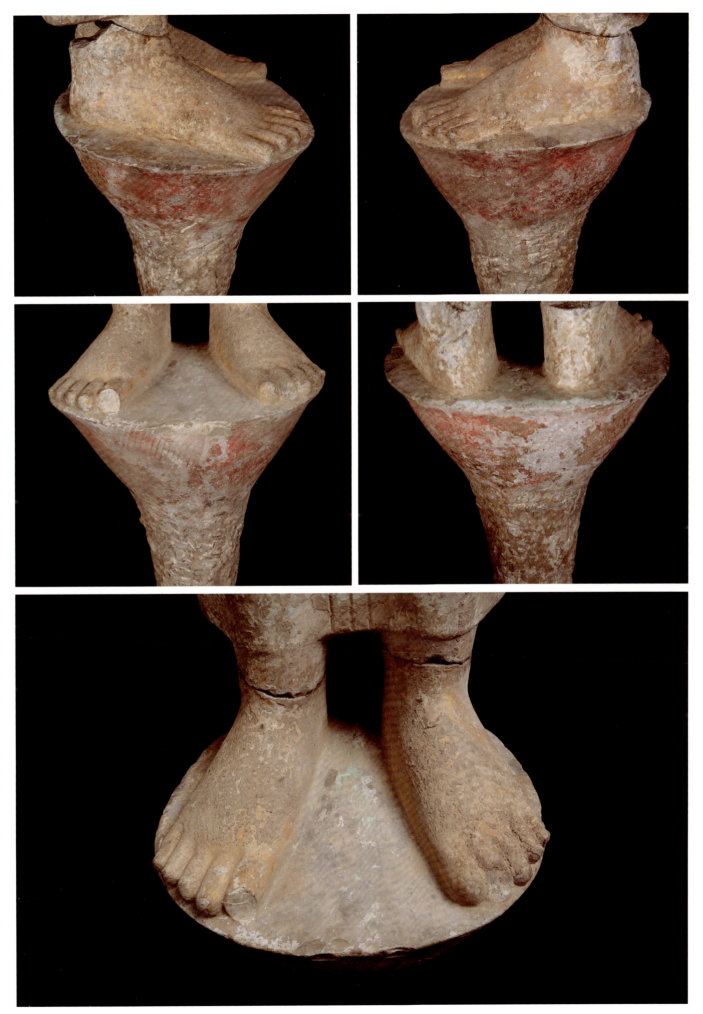

L0212　贴金彩绘圆雕佛立像

北齐（550～577年）

残高 56.8、宽 23.8、厚 15.1 厘米

　　石灰石质。

　　头、右臂、双足缺失。右臂残断处有两个修复圆孔，内有金属残留。

　　体态挺拔，宽肩，平胸，小腹凸起，左手下垂，手掌向外持衣角。背部平坦，腿部轮廓明显。

　　未刻衣纹，只雕刻衣缘。

　　通体彩绘。用红色彩绘出袒右大衣，胸部彩绘绿缘交领中衣，有墨线痕迹。胸、手贴金。

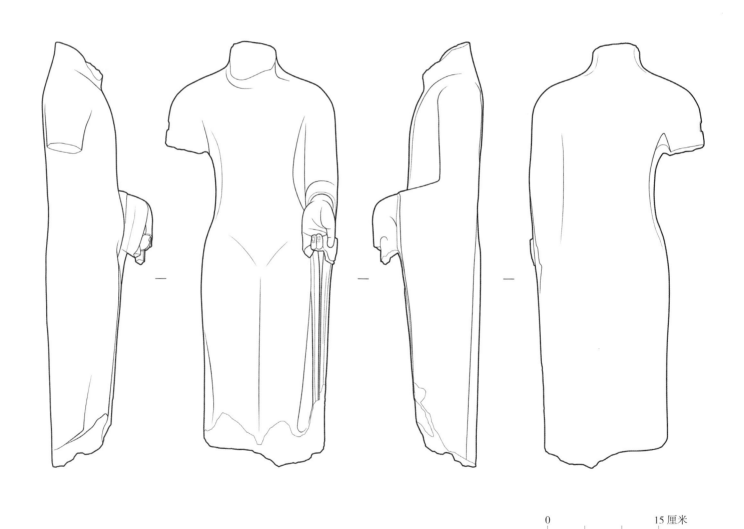

0 　　　　　　　　　　　　15 厘米

L0212 右前侧面   L0212 左前侧面

L0212 右侧面   L0212 左侧面

L0212 背面

L0212 胸部 L0212 早期修复痕迹

L0212 左手

L0213 贴金彩绘圆雕佛立像

北齐（550～577 年）
残高 104.2、宽 30.8、厚 21.8 厘米

石灰石质。

残存腿部以下部分。由三块残件粘接而成。

跣足立于莲台上。

大衣正面交替雕刻凸棱状和单阴线衣纹，呈双排
"U" 形下垂。背面雕刻单排凸棱状和单阴线组成的 "U"
形衣纹。大衣下缘露出下衣。

通体彩绘，正面彩绘脱落严重。背后残留绿条红
块田相纹，下衣彩绘绿色。双足贴金。

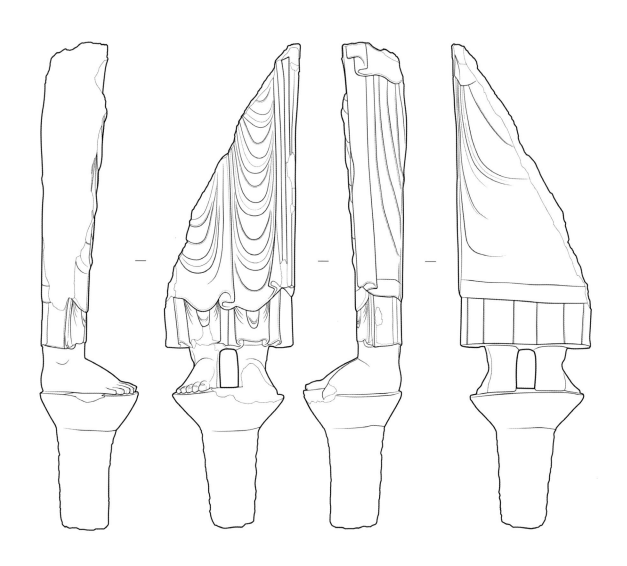

0   24 厘米

L0213 正面

L0213 右侧面

L0213 左侧面

L0213 背面

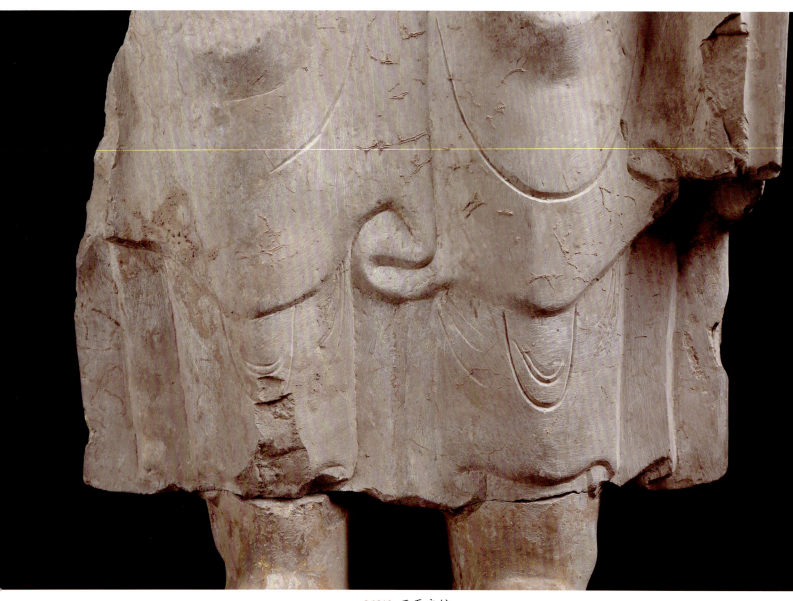

L0213 正面衣纹

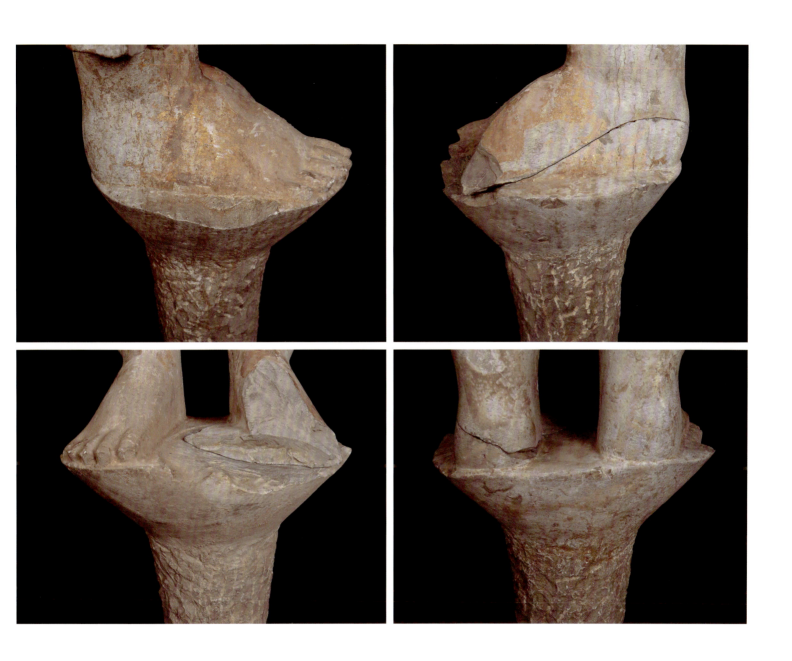

L0213 足座右侧　L0213 足座左侧

L0213 足座正面　L0213 足座背面

L0214　贴金彩绘圆雕佛立像

北齐（550～577 年）
残高 50.4、宽 34.2、厚 15.5 厘米

　　石灰石质。

　　头、双手、双腿残缺。

　　宽肩，腹部微凸，背部平直。

　　薄衣贴体，大衣自左肩绕颈覆搭右肩外侧，由右腋下绕至前身，覆搭左肩后下垂，内着僧祇支。正面雕刻双排阶梯状"U"形衣纹。

　　通体彩绘。大衣施红色，僧祇支残留绿色彩绘。颈部、胸部、右臂贴金。

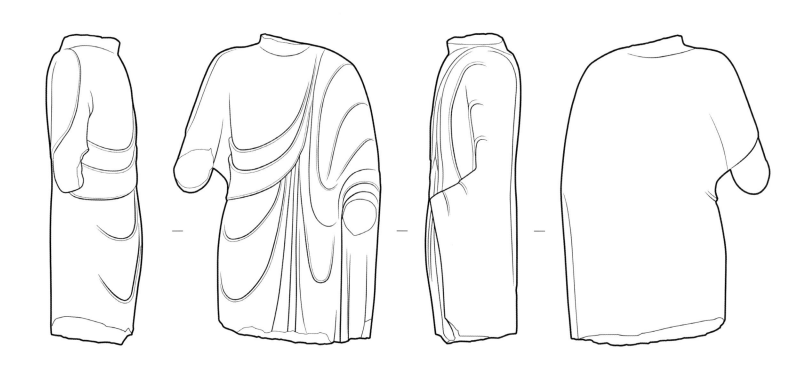

0   18 厘米

L0214 右前侧面　　　　　　　　　　　　　　　　L0214 左前侧面

L0214 右侧面   L0214 左侧面

L0214 背面

L0214 胸部

L0215 贴金彩绘圆雕佛立像

北齐（550～577 年）
残高 47.1、宽 18.3、厚 11.9 厘米

　　石灰石质。
　　头、右胸、手、足缺失。由三块残件粘接而成。
　　小腹微凸，背部平坦。
　　身着褒衣博带式大衣，胸前垂下的衣缘呈三层重
叠，胸部露出束结。薄衣贴体，未雕刻衣纹，只雕刻衣缘，
大衣下缘露出下衣。
　　通体彩绘，脱落严重。左臂和下衣下缘残留红色
线条绘制的衣纹。手、足残留贴金。
　　左臂有烟熏痕迹。

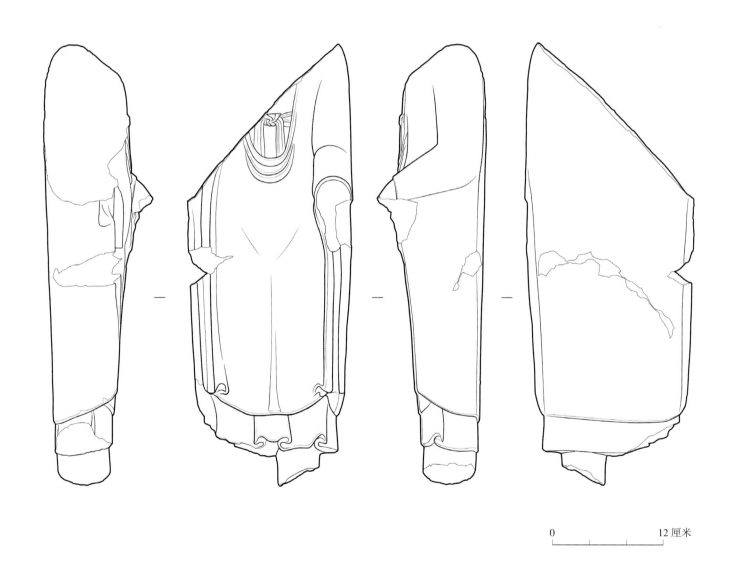

0 ⊢————————⊣ 12 厘米

L0215 右侧面   L0215 左侧面

L0215 背面

L0215 胸部衣结

L0215 左前侧面

L0216 彩绘圆雕佛立像

北齐（550～577 年）

残高 70.4、宽 35.4、厚 18 厘米

　　石灰石质。

　　肩部以上、双手、双足残缺。颈部有一个修复孔洞，左手正面和侧面各有一个修复孔洞。

　　身姿修长挺拔，胸、腹部微凸，背部平直。

　　身着褒衣博带式大衣，内着僧祇支，双排阶梯状衣纹呈 "U" 形排列。

　　通体彩绘。墨线起稿，大衣施绿条红块田相纹饰，僧祇支施绿色彩绘。彩绘部分脱落。

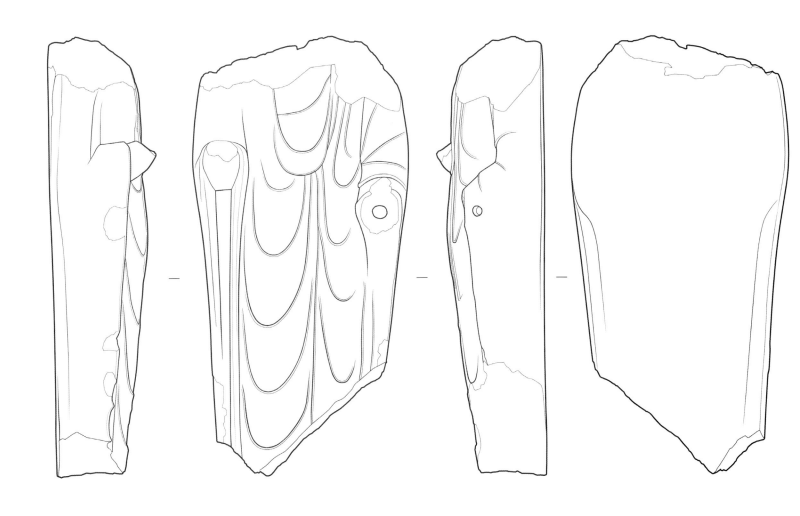

0 _____ 18 厘米

L0216 右侧面   L0216 左侧面   L0216 背面

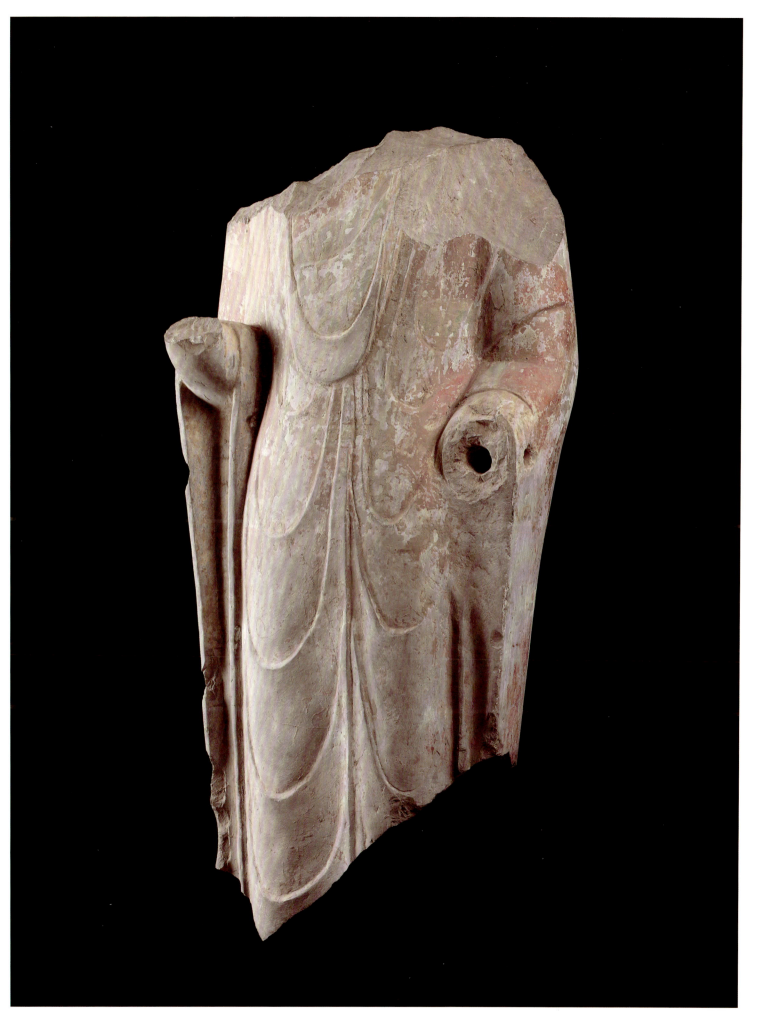

L0216 胸部

L0216 早期修复痕迹　　L0216 早期修复痕迹

L0216 正面衣纹

L0217 彩绘圆雕佛倚坐像

隋（581～618年）

残高 66.2、宽 37.9、厚 22.1 厘米

　　石灰石质。

　　头、右手缺失。由两块残件粘接而成。

　　左手施与愿印，倚坐于束腰长方形须弥座上，两脚自然下垂，双脚踩仰莲。

　　着袒右大衣。大衣自左肩绕右腋下覆搭左前臂，中衣覆搭右肩下垂遮盖右臂、右腿。内着僧祇支。

　　彩绘脱落严重，大衣衣缘残留红色彩绘图案。颈、胸、手部贴金。

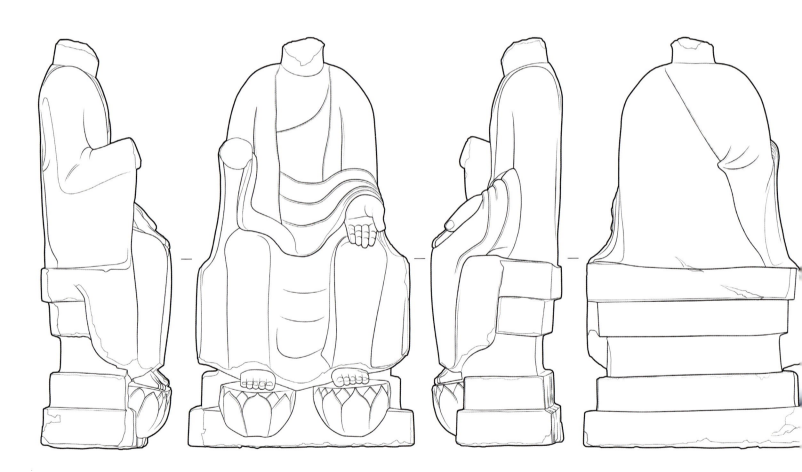

0　　　　　　　18 厘米

L0217 正面

L0217 右前侧面   L0217 左前侧面

L0217 右侧面   L0217 左侧面   L0217 背面

L0218　贴金彩绘圆雕佛立像

北齐（550～577年）

残高 89.7、宽 25.9、厚 15 厘米

石灰石质。

头、双手缺失。由五块残件粘接而成。

身姿修长挺拔，胸部隆起，跣足立于莲台上。

身着袒右大衣，右衣缘覆搭左肩垂于身后。中衣覆右肩右臂外侧，自腋下甩搭左前臂外侧下垂。内着僧祇支。大衣下缘露出下衣。薄衣贴体，下摆略外侈。衣纹在身前呈水波状。

大衣施红色，僧祇支施绿缘红色。莲台施绿色。胸、足部贴金。

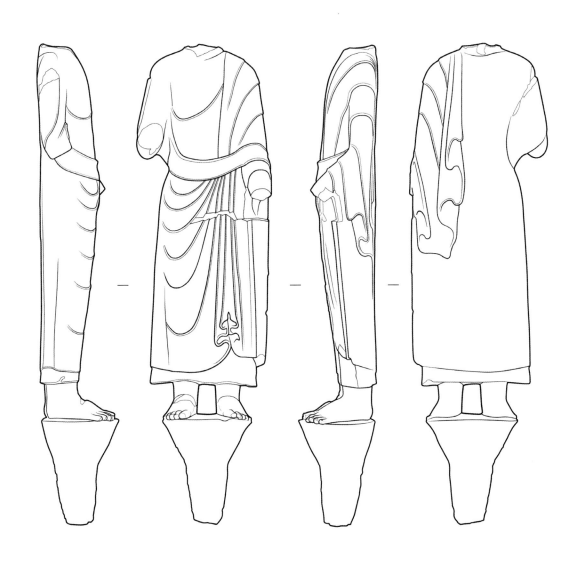

0   21 厘米

L0218 正面

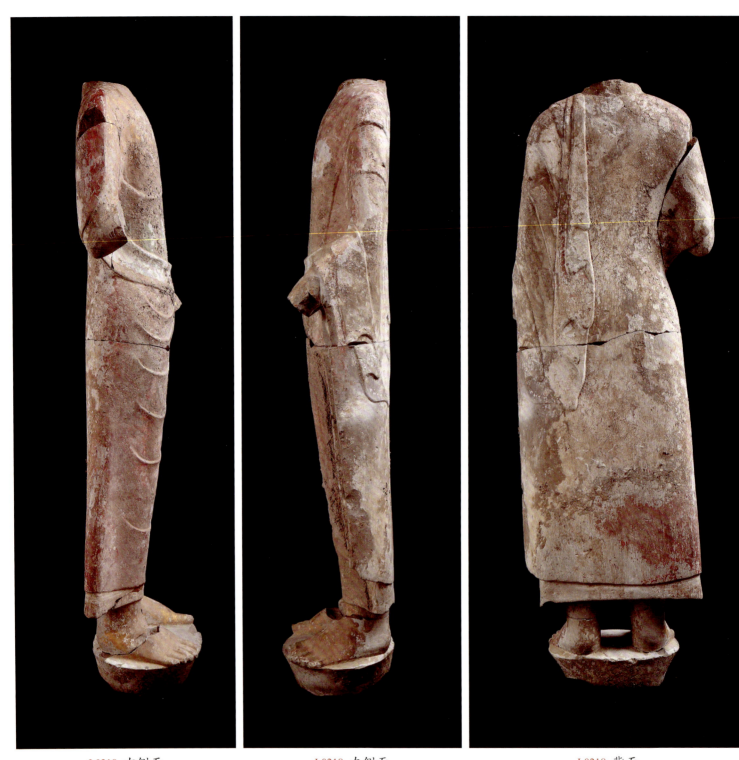

L0218 右侧面   L0218 左侧面   L0218 背面

L0218 足部

L0218 足座右侧	L0218 足座左侧
L0218 足座正面	L0218 足座背面

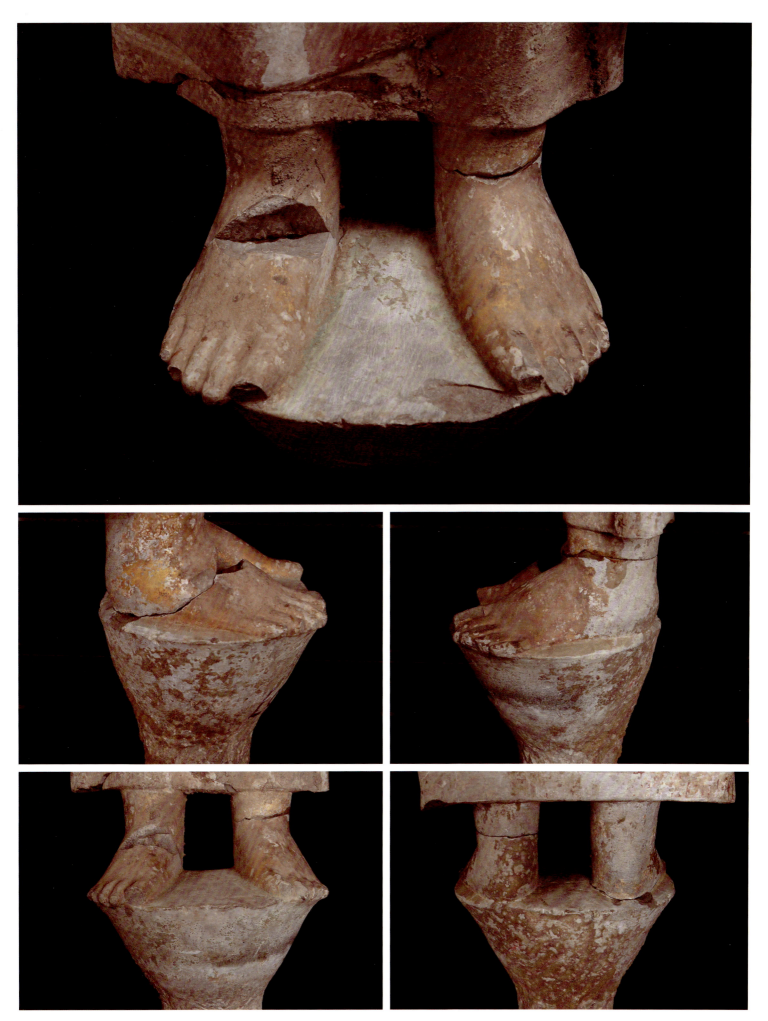

L0218 胸部

L0218 正面衣纹

L0218 背面衣纹

L0219　贴金彩绘圆雕佛立像

北齐（550～577 年）

残高 52.3、宽 22.2、厚 13 厘米

　　石灰石质。

　　头、左手、右臂、双足缺失。

　　体态修长挺拔。颈部残留一道蚕节纹，圆肩，胸部、小腹微凸。双肩胛、双腿轮廓明显。

　　着袒右式大衣，薄衣贴体，身右侧下部雕刻出扬起的衣缘。大衣下缘露出下衣。

　　通体彩绘。大衣多层彩绘，最上层整体用白色彩绘覆盖。底层用红、绿、蓝、黑色并贴金绘制出人物及各种图案。中衣为交领绿缘红色彩绘。

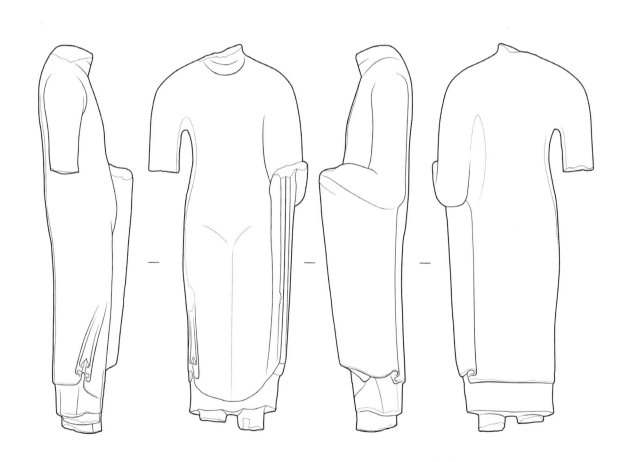

0 　　　　　　　　　15 厘米

L0219 正面

L0219 右前侧面　　　　　　　　　　　　L0219 左前侧面

L0219 正面贴金彩绘图案

L0219 右侧面　　　　　　　　L0219 左侧面　　　　　　　　L0219 背面

L0219 背部

L0219 右侧衣缘　｜　L0219 左侧贴金彩绘图案

L0220 贴金彩绘圆雕佛立像

北魏末—东魏初（520～537 年）
残高 53.2、宽 15.3、厚 13 厘米

石灰石质。

头、右手指、左侧下部部分缺失。由三块残件粘
接而成。颈部有修复后的金属残留物。

削肩，含胸、腹部略凸。左手施与愿印，右手施
无畏印，跣足立于莲台上，下有榫。

着褒衣博带式大衣，右衣缘绕胸前甩搭左下臂垂于
体侧。内着僧祇支，胸部系结。大衣下缘露出中衣和下衣，
下摆外侈遮盖部分足面，衣缘自右向左倾斜，有动感。

通体彩绘。正面施红框白块田相纹饰，背面只涂
白色。胸、手、足部贴金。

有烟熏痕迹。

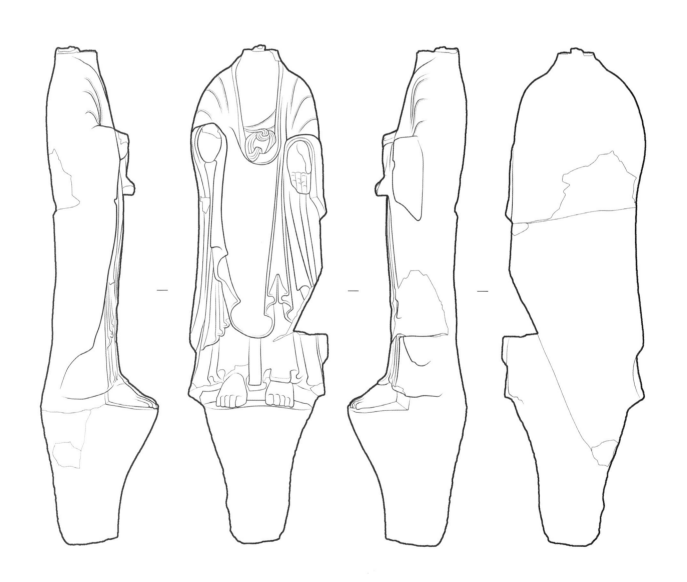

0 ⊢———————⊣ 12 厘米

L0220 正面

L0220 右侧面　　　　　　　　　　　L0220 左侧面

L0220 背面

L0220 左手 | L0220 正面彩绘
L0220 胸部

L0222 贴金彩绘圆雕佛立像

北齐（550～577 年）

残高 146.2、宽 36.1、厚 22.5 厘米

    石灰石质。

    鼻尖、双耳、双手、部分右臂缺失。由四块残件粘接而成。

    方圆脸，乳丁状螺发，细眉垂目，嘴角上扬。颈部有蚕节纹。

宽肩，胸、腹部微凸，背部平直。跣足立于莲台上，下有榫。

    着褒衣博带式大衣，内着僧祇支。薄衣贴体，只雕刻衣缘，

大衣下缘露出下衣。

    通体彩绘。大衣施红色。面、颈、足部贴金。

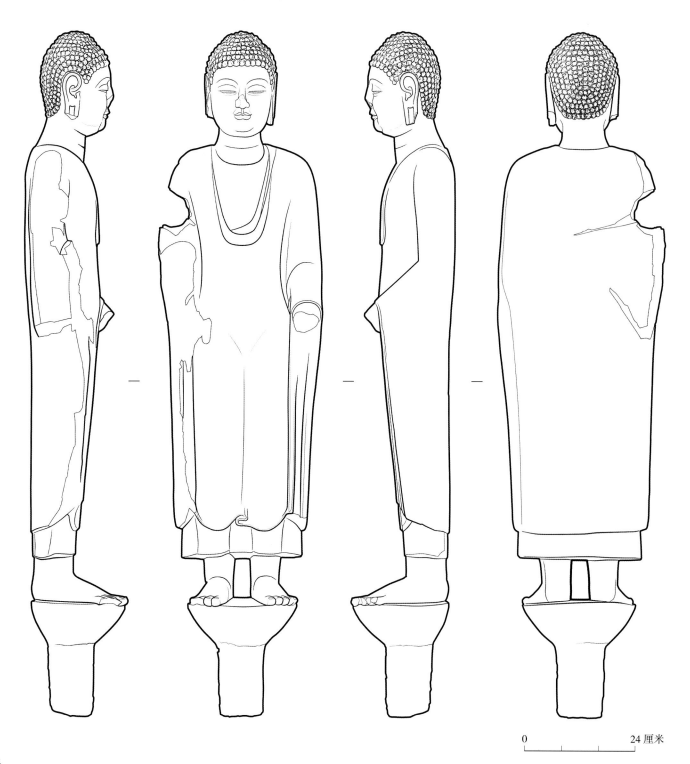

0   24 厘米

L0222 右前侧面　　　　　　　　　　　L0222 左前侧面

L0222 头部

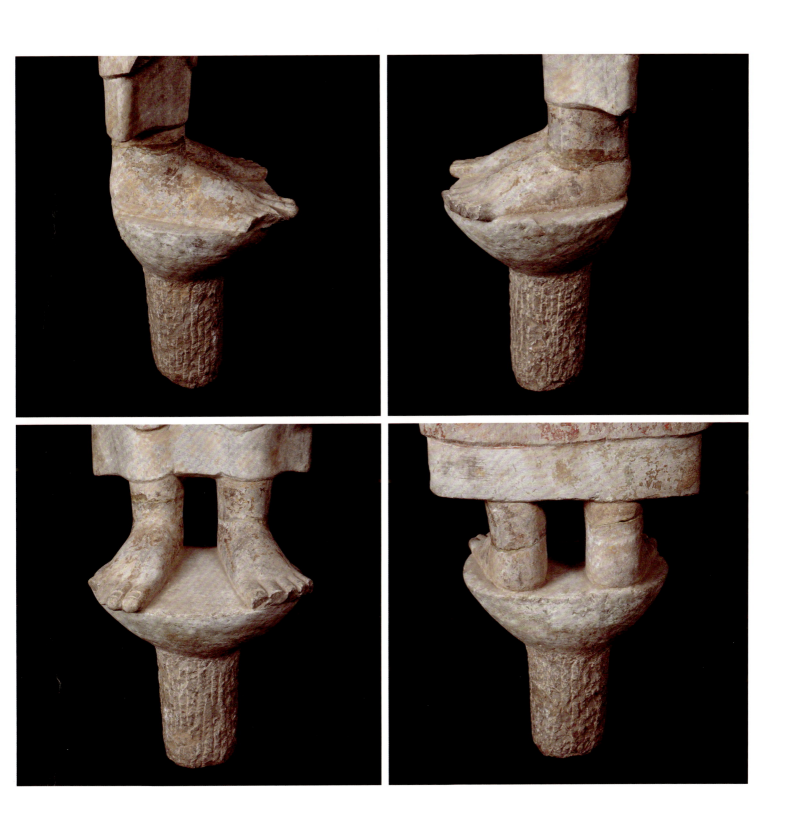

L0222 右侧面　　　　　　　　　　　　　L0222 左侧面

L0222 背面

L0223　贴金彩绘圆雕佛立像

北齐（550～577 年）
残高 123.2、宽 35.1、厚 19.8 厘米

　　石灰石质。

　　头、双手、双足残缺。

　　体态修长挺拔，胸、腹部微凸，双腿轮廓明显，背部平直。跣足立于莲台上。

　　着褒衣博带式大衣，右衣缘覆搭左肩左臂下垂，内着僧祇支。正面衣纹呈双排阶梯状 "U" 形，身后无雕刻衣纹。

　　通体彩绘。正面彩绘脱落严重，背面用墨线起稿，施绿条红块田相纹饰。胸、足贴金。

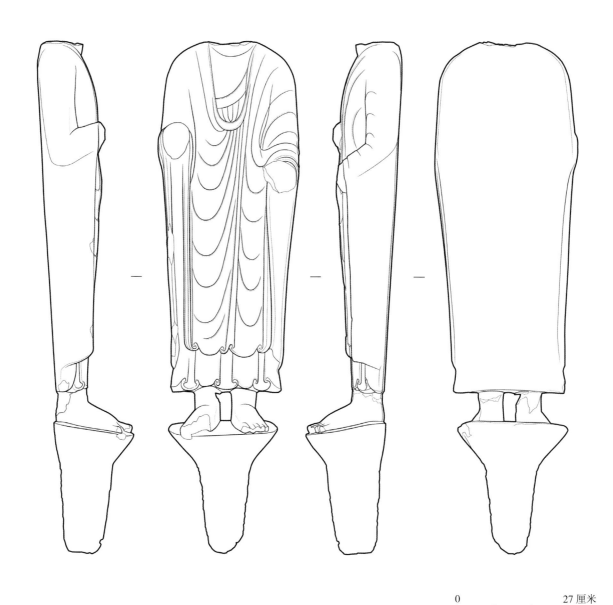

0　　　　　　　　　27 厘米

L0223 右前侧面　　　　　　　　　　　　　　　　L0223 左前侧面

L0223 胸部

L0223 正面衣纹

L0223 右侧面　　　　　　　　　　　　　　　　　　L0223 左侧面

L0223 背面

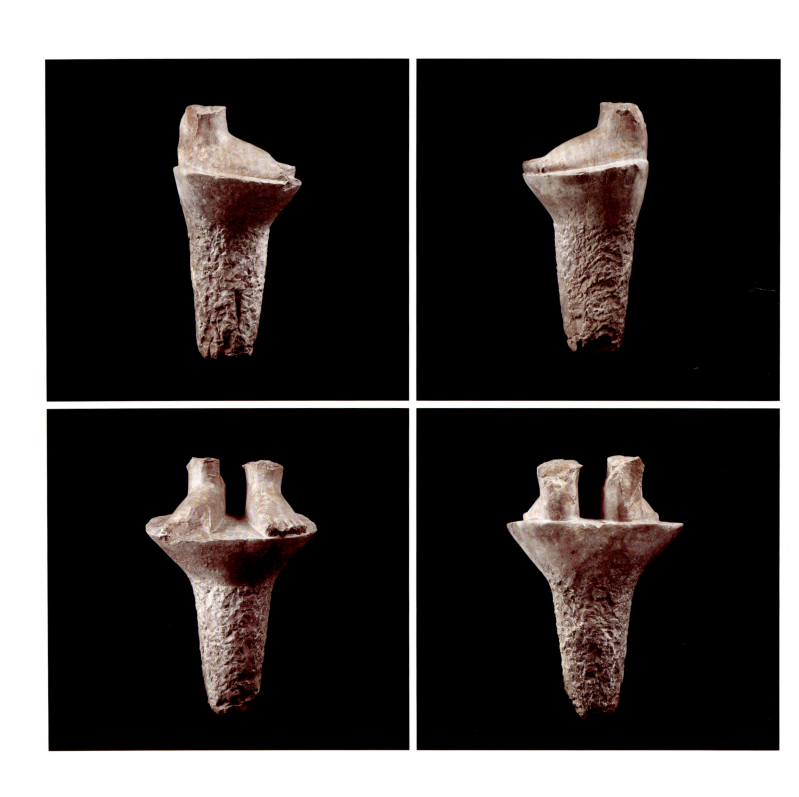

L0223 足座右侧　　L0223 足座左侧

L0223 足座正面　　L0223 足座背面

L0223　正面衣纹

L0225 贴金彩绘圆雕佛立像

北齐（550～577 年）
残高 46.6、宽 19.1、厚 11.6 厘米

　　石灰石质。

　　头、左手指、右手残缺。

　　造像修长挺拔，左手下垂施与愿印。胸部微凸，腹部平坦，双腿轮廓明显，背部平直。

　　身着褒衣博带式大衣，内着僧祇支。薄衣贴体，未雕刻衣纹，大衣下缘露出下衣。

　　彩绘、贴金脱落严重，仅在胸部残留零星贴金，背部有彩绘痕迹。

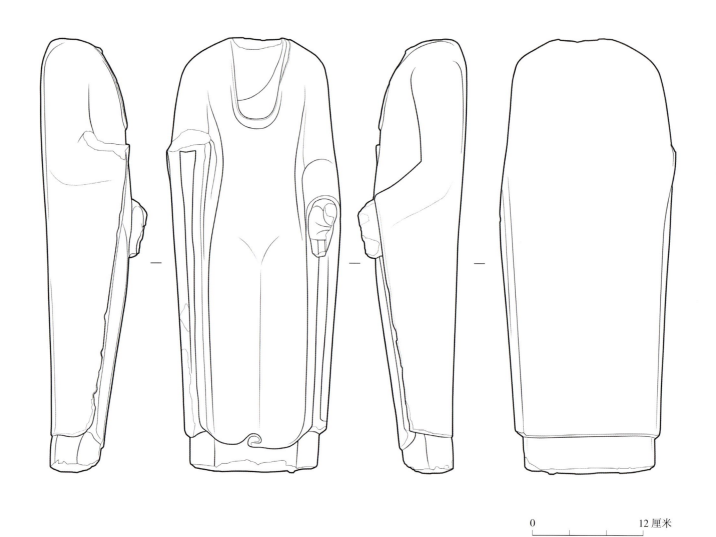

0   12 厘米

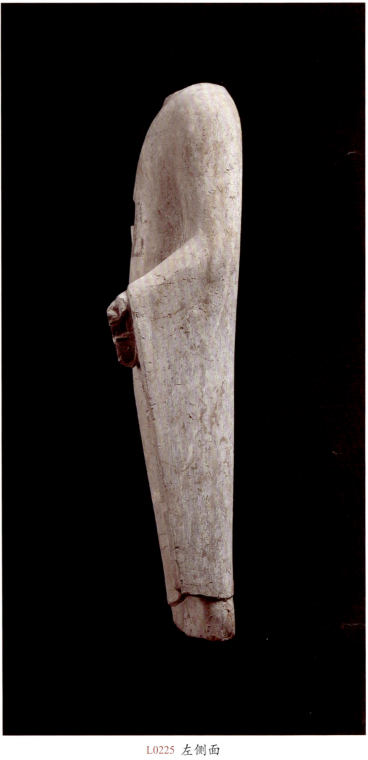

L0225 右侧面   L0225 左侧面

L0225 胸部

L0225 左手

L0226 彩绘圆雕佛立像

北齐（550～577年）
高110、宽25、厚14.7厘米

　　石灰石质。
　　由头、身体、足三部分粘接而成。颈与身体粘接处磨平，头为后期补配。
　　波发低肉髻，肉髻下正中饰髻珠。脑后波发雕造粗糙。长圆脸，弯眉，双目长而微垂，双颊饱满，嘴角深凹。颈部有蚕节纹。平肩，胸、腹隆起。腿部轮廓明显，背部平直。左手施与愿印，跣足立于莲台上。
　　身着通肩大衣，薄衣贴体，雕刻衣缘。
　　通体彩绘。大衣用红、绿色彩绘出田相。手、足施白色彩绘。

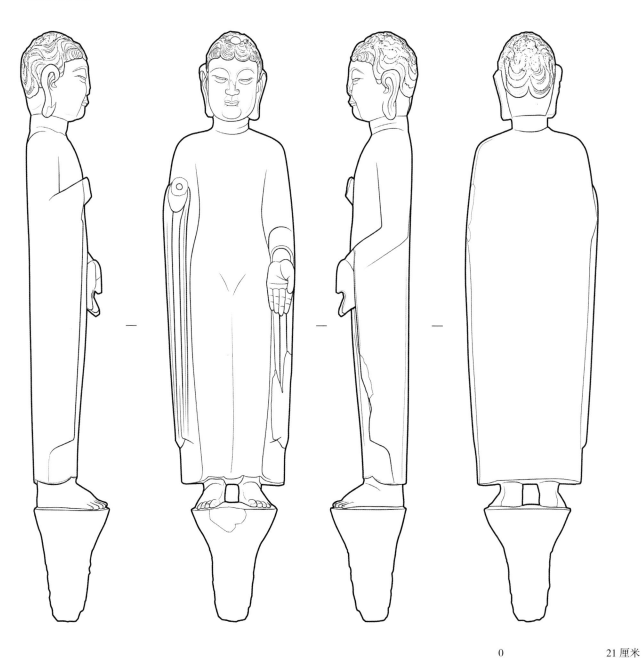

0 ⌞⌟ 21 厘米

L0226　右前侧面　　　　　　　　　　　　　　　L0226　左前侧面

L0226 右侧面　　　　　　　　　　L0226 左侧面　　　　　　　　　　L0226 背面

L0226 头部正面 | L0226 头部背面

L0226 头部右侧 | L0226 头部左侧

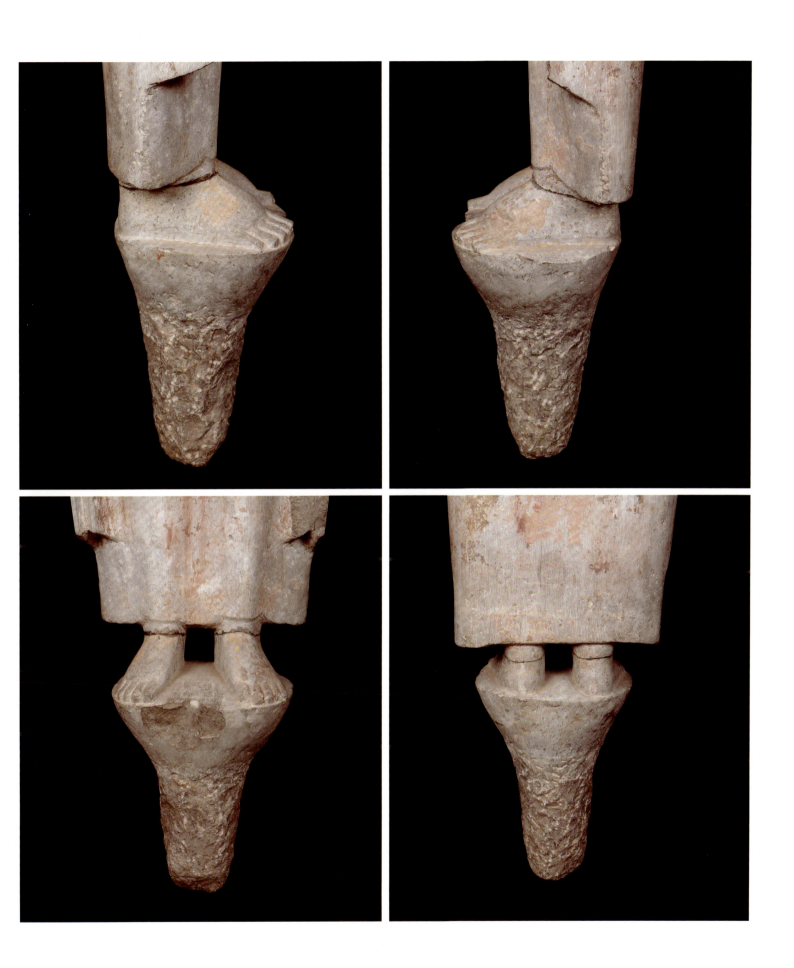

L0226 左手

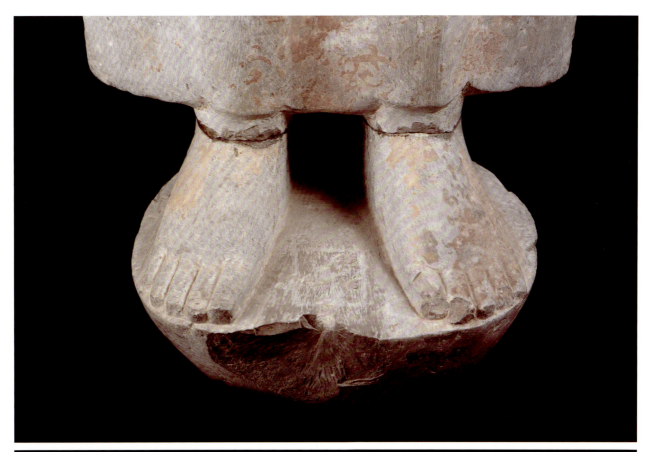

L0226 足部

L0226 发髻

L0227　贴金彩绘圆雕佛立像

北齐（550～577 年）

残高 58.3、宽 24.3、厚 14.2 厘米

石灰石质。

头、双手、双足残缺。由两块残件粘接而成。

宽肩，平胸，腹部微凸，背部平直，臀部、双腿轮廓明显。左臂上举，有衣缘缠绕。

薄衣贴体，胸部刻袒右大衣的衣缘。雕刻下垂衣纹，大衣下缘露下衣。

通体彩绘。大衣施红色，有交领中衣痕迹，下衣缘残留红、绿色彩绘。颈、胸部贴金。

腹部有席纹痕迹。

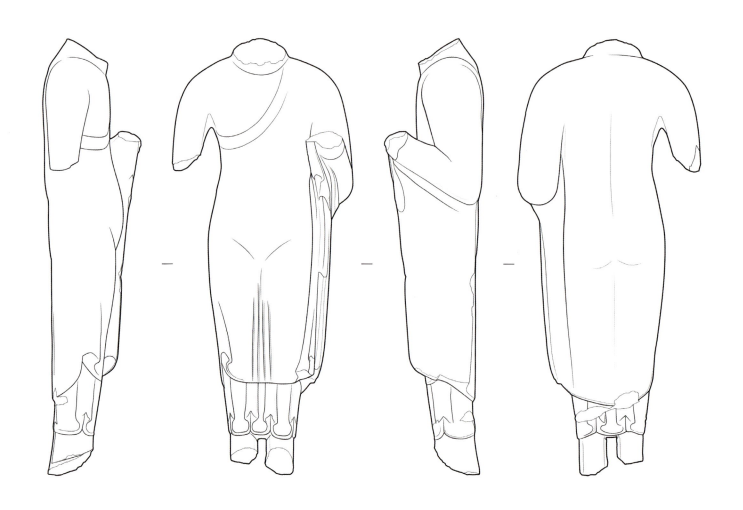

0 ⌐——————————⌐ 15 厘米

L0227 正面衣纹

L0227 右前侧面   L0227 左前侧面

L0227 右侧面   L0227 左侧面

L0227 背面

L0229 贴金彩绘圆雕佛立像

北齐（550～577年）
残高63.3、宽21.9、厚13.2厘米

石灰石质。

头、双手、双足缺失，均留有两个修复圆孔。足部有金属残留。

体态修长挺拔，胸、腹部微凸，肩胛、肘部、双腿轮廓明显。

线刻袒右大衣，大衣自右腋前绕，覆搭左肩左臂下垂。正面刻双阴线、背部刻单阴线衣纹。

通体彩绘。彩绘交领中衣，残留红、白色。胸部贴金。

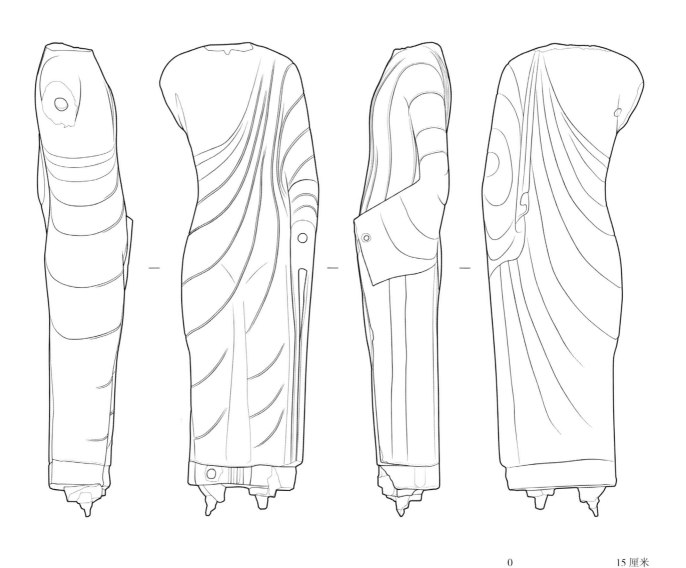

0 ———————— 15 厘米

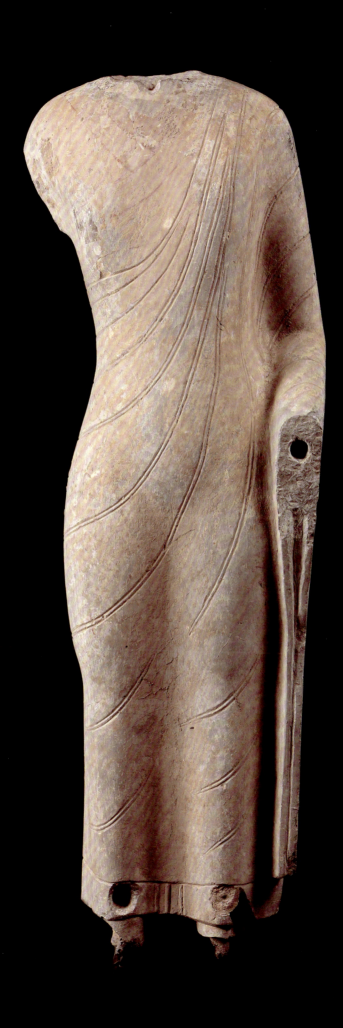

L0229 正面

L0229 右前侧面　　　　　　　　　　　L0229 左前侧面

L0229 右側面   L0229 左側面   L0229 背面

L0229 早期修复痕迹

L0229 胸部

L0230　贴金彩绘圆雕佛立像

北齐（550～577年）

残高 66.9、宽 25.5、厚 17.5 厘米

石灰石质。

头、左手、足缺失。两块残件粘接而成。

身材挺拔，圆肩，胸部微微隆起，腹部凸起，右手上举施无畏印，背部平直。

着通肩大衣，薄衣贴体，只雕刻衣缘，下缘露出下衣。

通体彩绘，脱落严重。大衣施蓝条红块田相纹饰，腹部残留贴金痕迹，下衣残留绿色。背部有大量结壳。颈、手部有贴金。

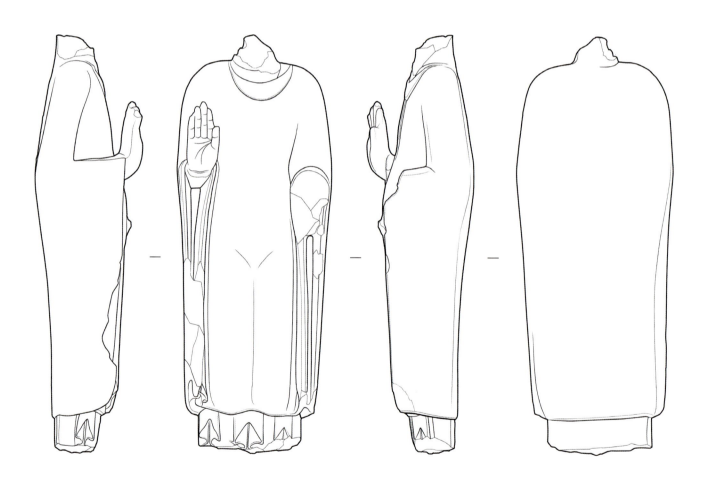

0   18 厘米

L0230 右前侧面   L0230 左前侧面

L0230 右侧面　　　　　　　　　L0230 左侧面　　　　　　　　　L0230 背面

L0230 正面衣纹

L0230 右手

L0232　贴金彩绘圆雕佛立像

北齐（550～577年）

残高115、宽26.5、厚17.6厘米

　　石灰石质。

　　双臂、双足残缺。头部为后期修复，粘接面平整光滑。双肩有修复圆孔。

　　圆脸，弯眉，双目微睁。高鼻，嘴角上扬，重颔。螺发，肉髻低平。正面螺发呈顺时针风车状，脑后螺发呈扁平状。身材修长扁平，细腰，双腿轮廓明显。

　　薄衣贴体，未雕刻衣纹，腿下部雕刻衣缘。

　　背部残留红色彩绘衣纹。面部残留贴金。

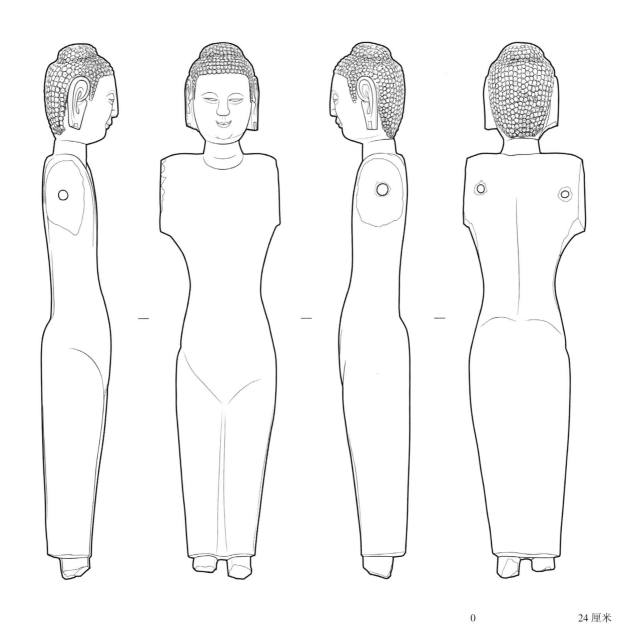

0　　　　　　　　　24 厘米

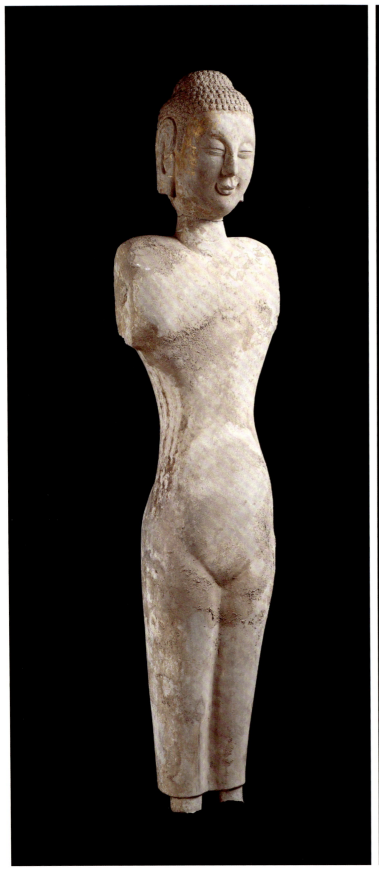

L0232 右前侧面   L0232 左前侧面

L0232 头部正面 | L0232 头部背面

L0232 头部右侧 | L0232 头部左侧

L0232 右侧面　　　　　　　L0232 左侧面　　　　　　　L0232 背面

L0232 发髻

L0232 背部

L0232 发髻

L0232 背部

L0233 贴金彩绘圆雕佛立像

北齐（550～577 年）
残高 71.9、宽 27.9、厚 17.7 厘米

汉白玉质。

头、双手、双足残缺。

体态修长挺拔，圆肩，胸部隆起，背部平直。

着通肩大衣。薄衣贴体，仅雕刻衣缘，大衣下缘露下衣。

通体彩绘。用红、蓝、绿、金色田相纹装饰大衣，大衣外缘施蓝色。田相纹用墨线起稿，正面用双层金条间隔、夹绿条红块组成，金条上装饰龟纹，龟纹背上饰宝相花。大衣背部田相纹饰不再贴金，用装饰龟纹的彩条代替，每个田相纹装饰连珠纹围绕的莲花图案。下衣衣缘墨线起稿，施红条绿块田相彩绘，边框贴金，上饰连珠纹。

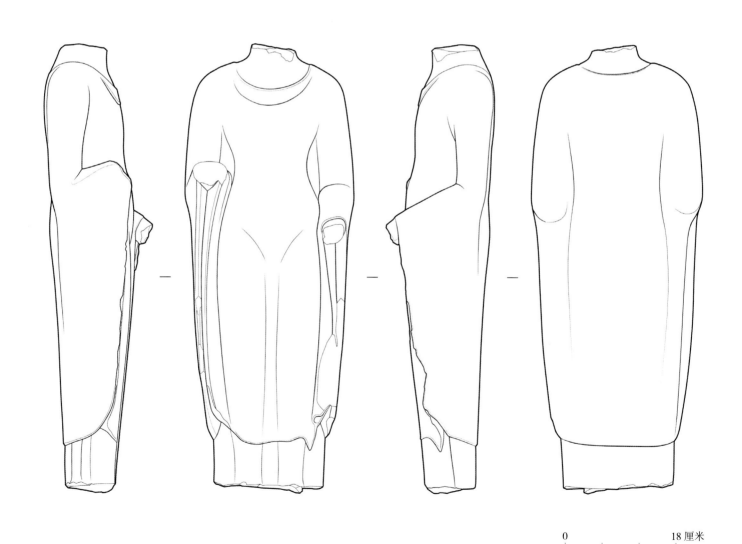

0   18 厘米

L0233 正面

L0233 右前侧面　　　　　　　　　　　　　　　　L0233 左前侧面

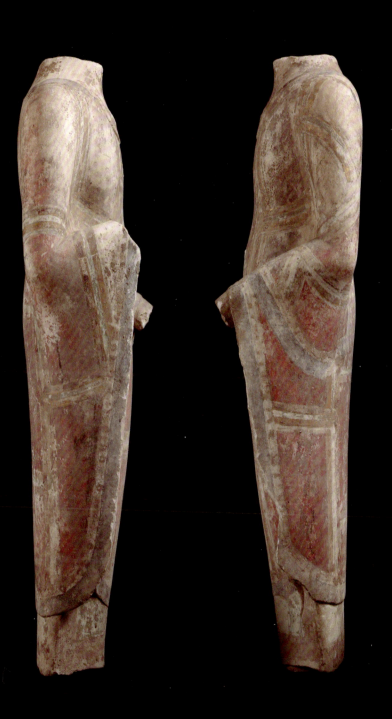

L0233 右侧面   L0233 左侧面   L0233 背面

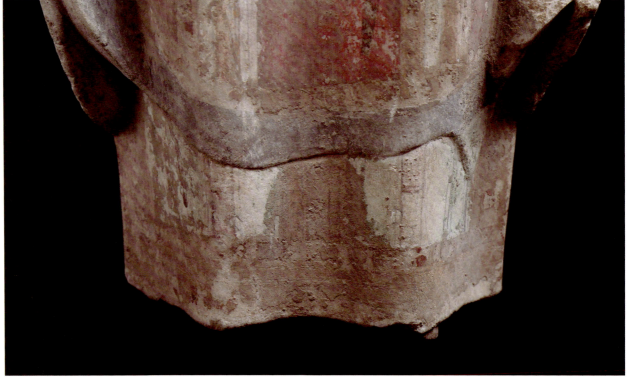

L0233 正面贴金彩绘

L0233 右侧贴金彩绘图案　　　　　　　　　　　　L0233 左侧贴金彩绘图案

L0233 大衣彩绘图案 | L0233 背面彩绘图案

L0233 胸部

L0233 大衣彩绘图案 | L0233 大衣彩绘图案

L0234 贴金彩绘圆雕佛立像

北齐（550～577 年）
残高 119、宽 46.1、厚 21 厘米

　　石灰石质。

　　头、右手、双足残缺。由两块残件粘接而成。头部、右手、双足各有两个修复圆孔，内有金属残留。

　　肩宽而平，胸、腹部隆起，左手下垂握衣角，双臂、双腿轮廓明显。

　　着褒衣博带式大衣，大衣右衣缘覆搭左肩左臂下垂，内着交领中衣。只雕刻衣缘，未雕刻衣纹。

　　通体彩绘。用墨线起稿，大衣饰绿条、装饰龟纹的彩条和红块组成的田相纹。中衣饰装饰龟纹的彩条与绿块组成的田相纹。下衣饰装饰红色花纹的白条和绿块组成的田相纹。衣缘装饰红白间隔的连珠纹和花卉纹。颈、手、足部贴金。

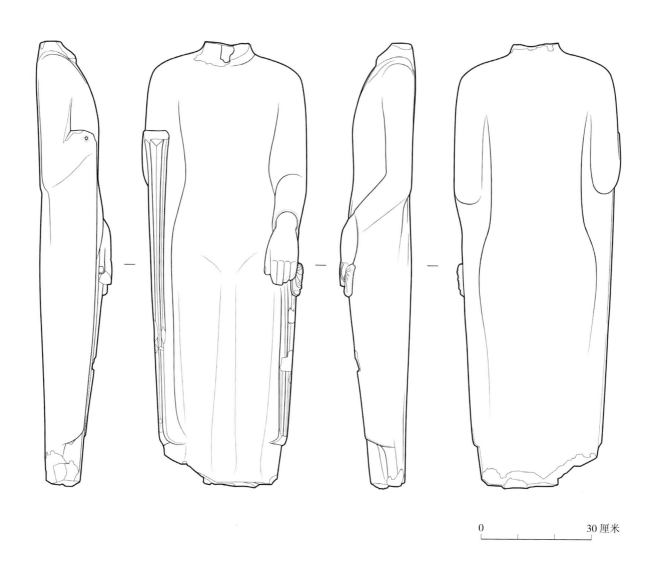

0 　　　　　　　　　30 厘米

L0234 右前侧面   L0234 左前侧面

L0234 右侧面　　　　　　　　　　L0234 左侧面　　　　　　　　　　L0234 背面

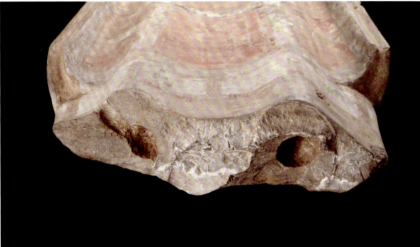

L0234 早期修复痕迹   L0234 正面彩绘图案

L0234 早期修复痕迹

L0234 正面彩绘图案   L0234 大衣彩绘图案

L0234 胸部

L0234 左手

L0235 贴金彩绘圆雕佛立像

北齐（550～577 年）
残高 126、宽 33.5、厚 22.5 厘米

石灰石质。

头、左手缺失。由两块残件组成。

身姿挺拔，胸、腹部微凸，右手下垂提衣缘，跣足立于莲台上，下有榫。

着通肩大衣，薄衣贴体。只雕刻衣缘，大衣下缘露出下衣。

通体彩绘。前身彩绘脱落严重，左肩部残留装饰龟纹的彩条与红块组成的田相纹。背部田相衣纹相对完整。手、足部贴金。

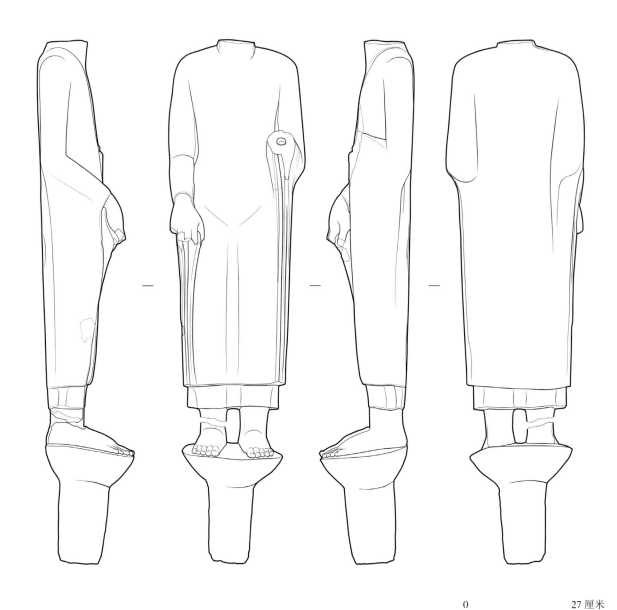

0   27 厘米

L0235 右前侧面　　　　　　　　　　　　L0235 左前侧面

L0235 右侧面　　　　　　　　　　L0235 左侧面　　　　　　　　　　L0235 背面

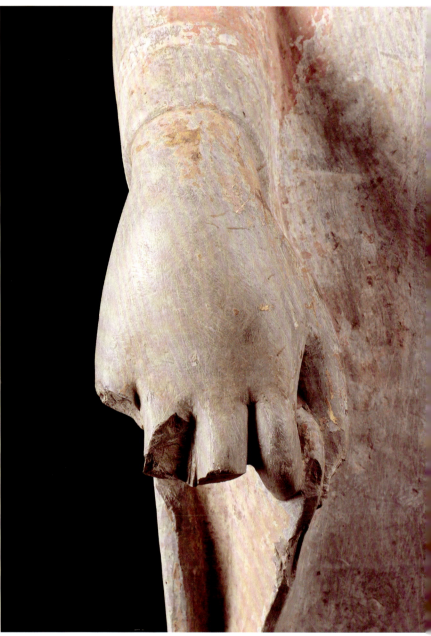

L0235 左肩部彩绘图案　　　　　　　　　　　　　　　　　　　　L0235 右手

L0236 贴金彩绘圆雕佛立像

北齐（550～577 年）
残高 150、宽 41、厚 20.6 厘米

石灰石质。

头、双手残缺。由三块残件粘接而成。

体态修长挺拔，肩宽而平，胸部、腹部凸起，双
腿轮廓清晰，背部平直。左手上举、右手下垂，跣足
立于莲台上，莲台有榫。

着褒衣博带式大衣，薄衣贴体，大衣下缘露出下衣。

通体施红色彩绘，脱落严重，衣缘为蓝色。可见
黑、白色彩绘人物图案。中衣、下衣、莲台施绿色。手、
足贴金。

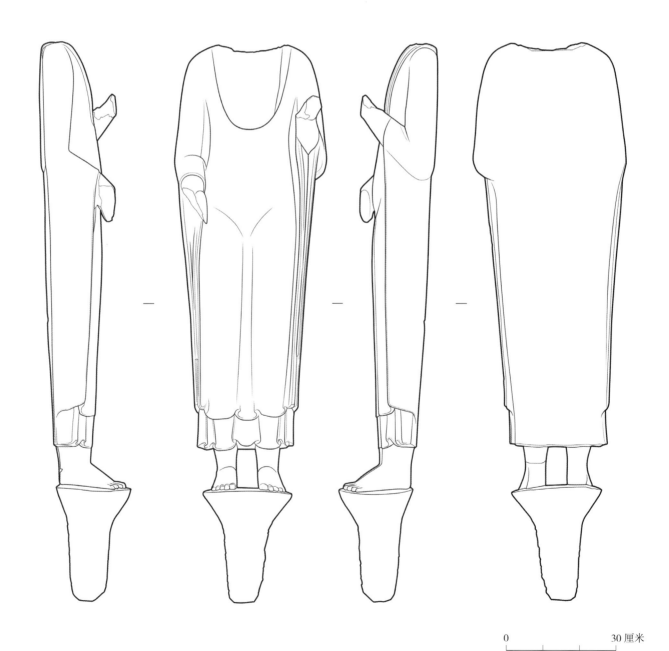

0   30 厘米

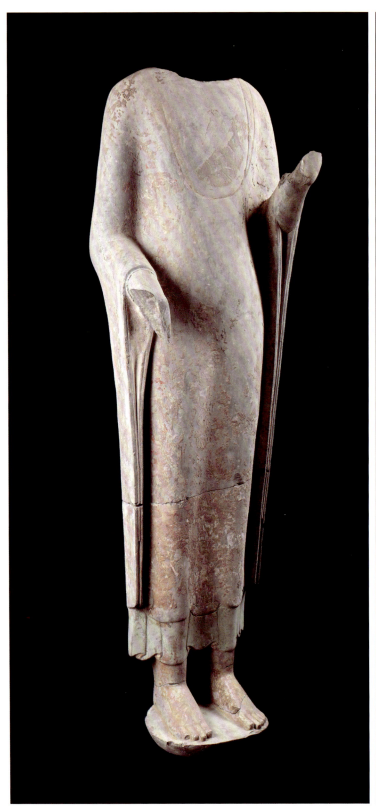

L0236 右前侧面

L0236 左前侧面

L0236 足座右侧	L0236 足座左侧
L0236 足座正面	L0236 足座背面

L0236 足部

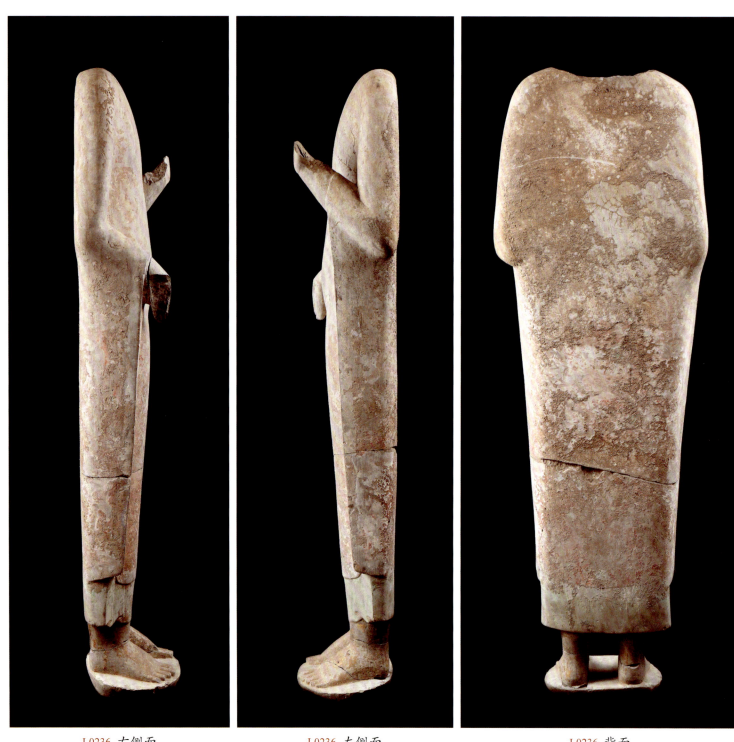

L0236 右侧面　　　　　　　　L0236 左侧面　　　　　　　　L0236 背面

L0236 正面彩绘图案　|　L0236 正面彩绘图案

L0236 正面衣纹

L0237　彩绘圆雕佛立像

北齐（550～577年）
残高81.9、宽27.8、厚18.4厘米

　　石灰石质。

　　头、左手、双足缺失。

　　体态修长挺拔，肩平，胸部微微隆起，腹部微凸，双腿轮廓明显，背部平直。左前臂上举，右手下垂捏衣角。

　　着通肩大衣，薄衣贴体，大衣下缘露下衣。

　　彩绘脱落严重，胸前和背面残留少许彩绘。

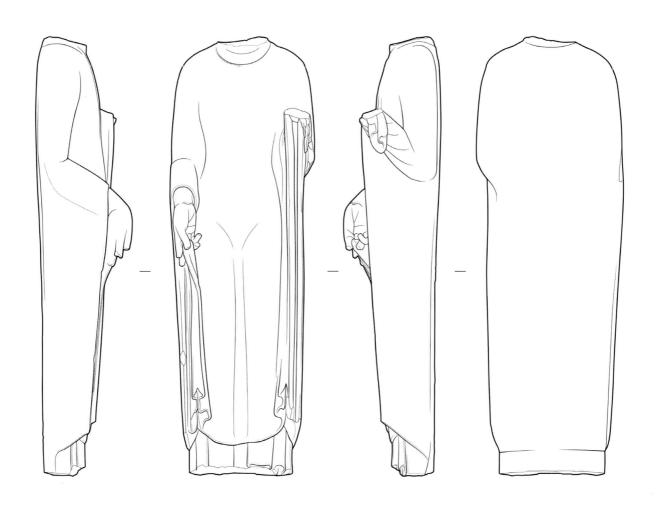

0　　　　　　　　　21厘米

L0237 正面

L0237 右前侧面

L0237 左前侧面

L0237 背面

L0237 右侧面   L0237 左侧面

L0237 右手

L0238　贴金彩绘圆雕佛立像

北齐（550～577 年）

残高 127.5、宽 49、厚 24.2 厘米

石灰石质。

头、双手、双足缺失。由四块残件粘接而成。颈部、双手、足部有修复圆孔。

体态挺拔修长，胸部隆起，背部平直。

着褒衣博带式大衣，右衣缘覆搭左肩左臂下垂。身前雕双排阶梯状"U"形衣纹。胸前露出交领中衣和僧祇支，大衣下缘露出下衣。

通体彩绘。大衣正面施绿条、饰龟纹的彩条和红块组成的田相衣纹，中衣和僧祇支施饰龟纹的彩条与绿块组成的田相纹，衣缘为红色。大衣正面下部绿条变成黑色，彩绘变色严重。大衣背面施绿条红块的田相纹。

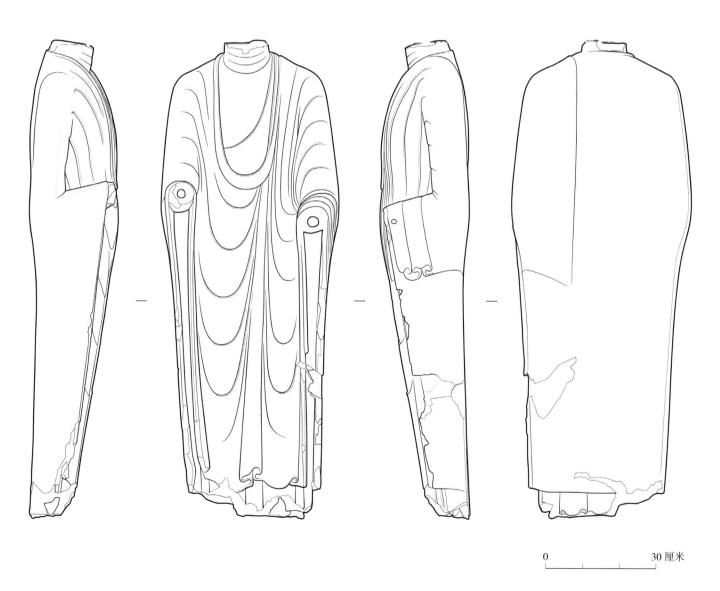

0　　　　　　　　　　30 厘米

L0238 右前侧面 L0238 左前侧面

L0238 右侧面   L0238 左侧面   L0238 背面

L0238 胸部

L0238 早期修复痕迹 | L0238 早期修复痕迹

L0238 正面衣纹

L0239 贴金彩绘圆雕佛立像

北齐（550～577年）
残高 88.5、宽 44.9、厚 18.7 厘米

    石灰石质。

    头、左胸、双手、膝盖以下缺失。由三块残件粘接而成。颈部和双手有修复圆孔。

    胸隆起，背部平直。

    着褒衣博带式大衣，右衣缘覆搭左肩左臂下垂，内着僧祇支。身前衣纹呈阶梯状"U"形下垂。

    通体彩绘。大衣施绿条、饰龟纹连珠纹的彩条、红块组成的田相纹饰。胸部残留红色彩绘和贴金，僧祇支残留绿色彩绘。背部彩绘脱落严重。

0   24 厘米

L0239 右侧面

L0239 左侧面

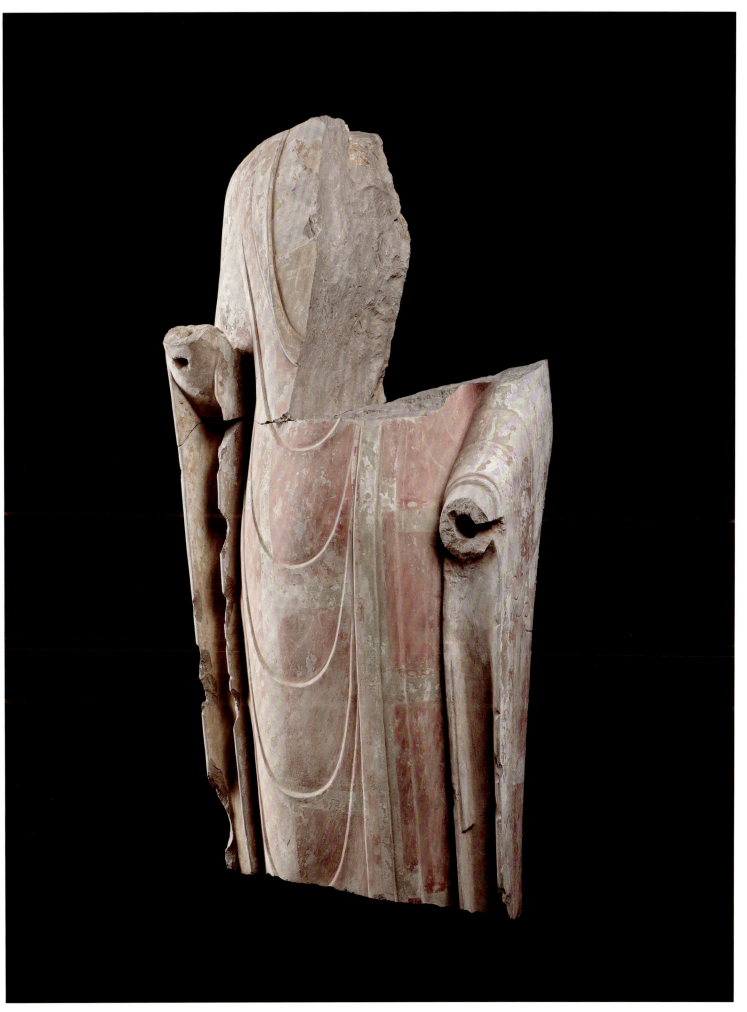

L0239 背面

L0239 早期修复痕迹

L0239 正面衣纹 | L0239 大衣彩绘图案

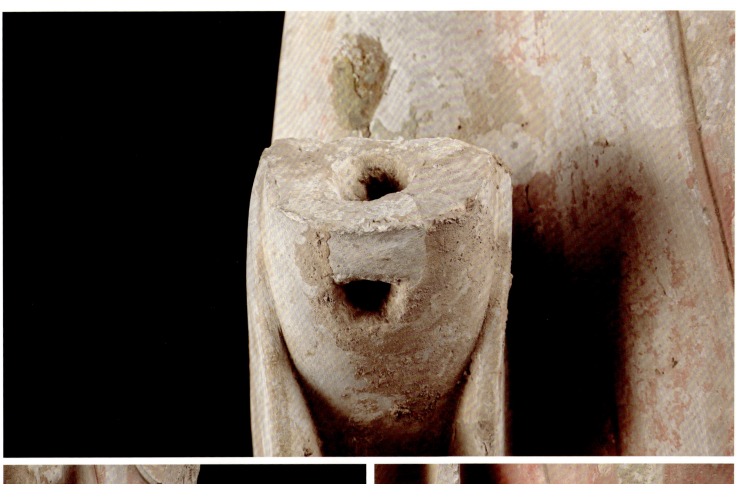

L0240 彩绘圆雕佛立像

北齐（550～577 年）
残高 97、宽 29.5、厚 18.3 厘米

　　石灰石质。

　　头部、双臂、双膝以下缺失。由十块残件粘接而成。
双臂有修复圆孔，背后有方形孔。

　　身姿挺拔，平胸，细腰，腹部微凸，双腿轮廓明显。
背部平直。

　　薄衣贴体。着袒右大衣，大衣两边衣缘分搭左肩前、
后下垂，下摆外侈。正面衣纹雕刻成双阴线，左右对
称卷曲。背后单阴线衣纹呈 "U" 形下垂。

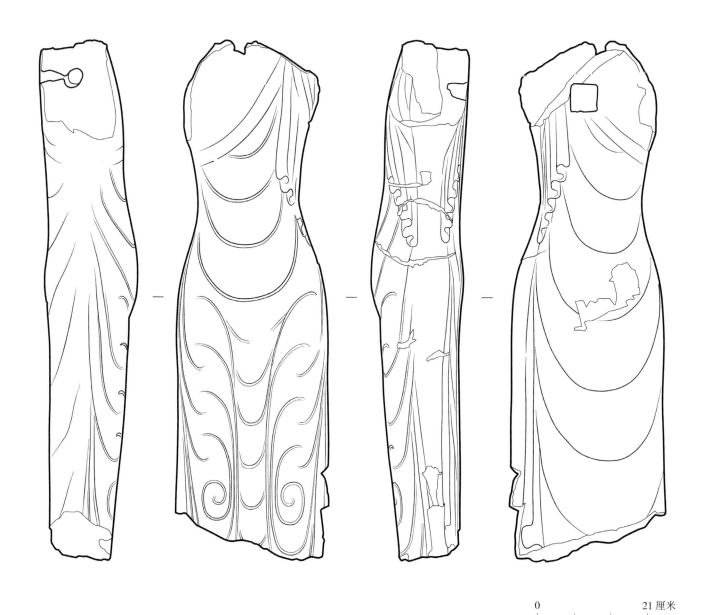

0   21 厘米

L0240 正面

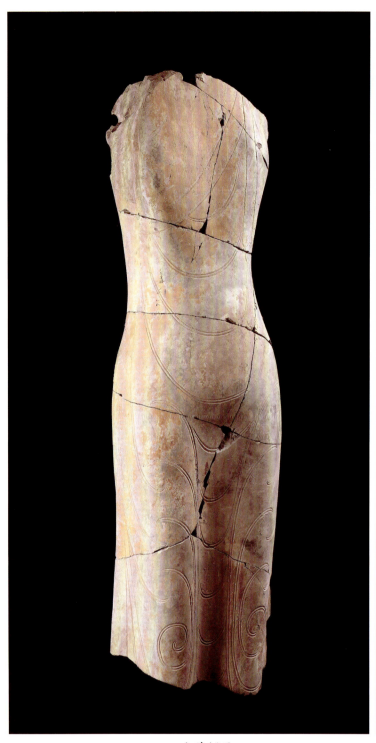

L0240 右前侧面　　　　　　　　　L0240 左前侧面

L0240 正面衣纹　｜　L0240 背面衣纹

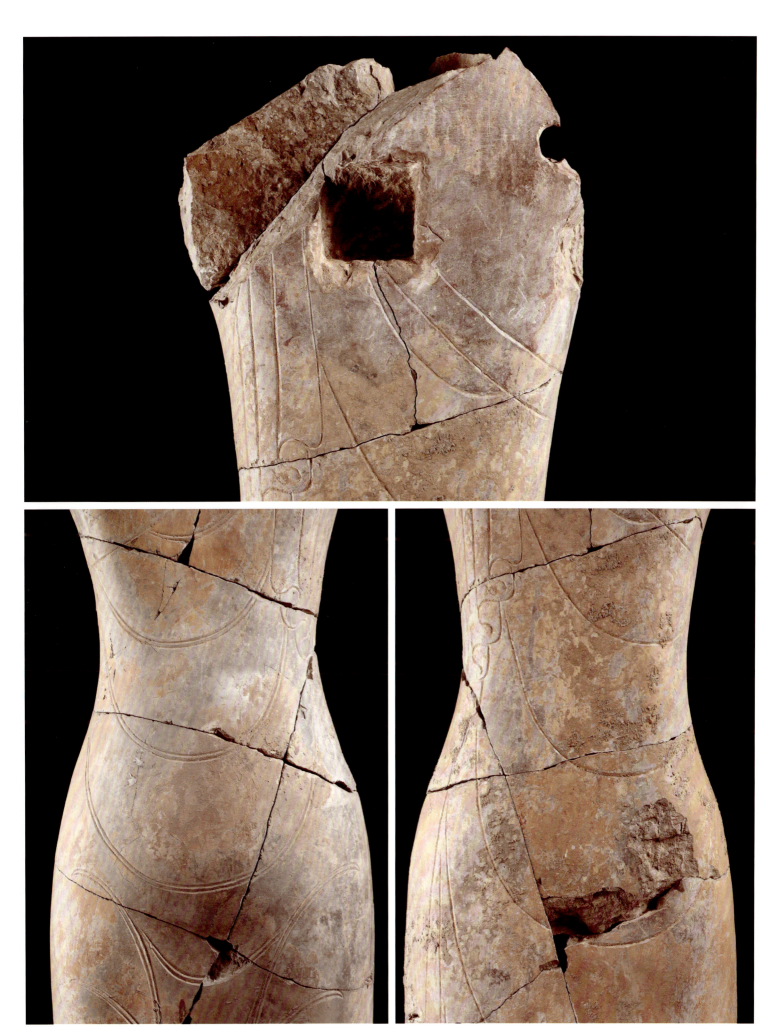

L0240 右侧面　　　　　　　　　L0240 左侧面　　　　　　　　　L0240 背面

L0240 正面衣纹

L0241 贴金彩绘圆雕佛立像

北齐（550～577 年）
残高 99、宽 37、厚 17.6 厘米

　　石灰石质。

　　头、右手、双足缺失。由两块残件组成。颈部、右手、双腿处有修复痕迹，还有金属残渣。

　　平肩细腰，小腹凸出，左手下垂施与愿印。

　　着褒衣博带式大衣，薄衣贴体，右衣缘覆搭左肩下垂。前身用双阴线刻划"U"形衣纹，背部用单阴线刻划衣纹。

　　通体彩绘。残留白色彩绘。胸部、左手残留贴金。

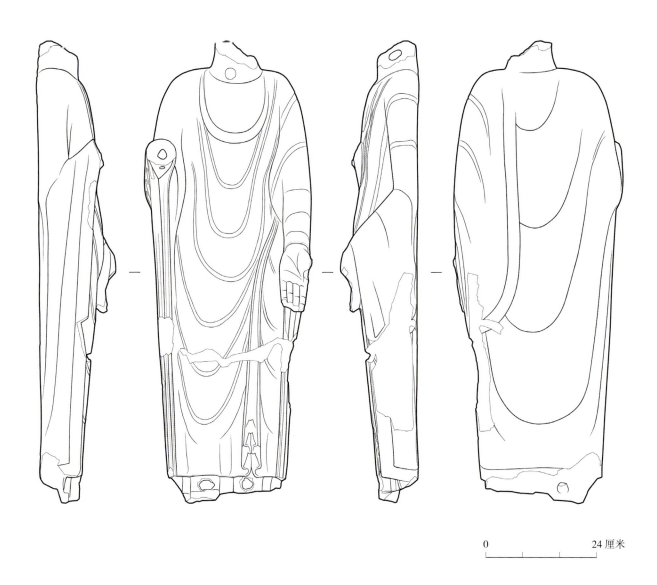

0 　　　　　　　　24 厘米

L0241 正面

L0241 右前侧面　　　　　　　　　　　　L0241 左前侧面

L0241 右侧面　　　　　　　　L0241 左侧面　　　　　　　　L0241 背面

L0241 正面衣纹　　L0241 正面衣纹

L0241 左手

L0241 正面衣纹 | L0241 正面衣纹

L0242　贴金彩绘圆雕佛立像

北齐（550～577 年）

残高 110.9、宽 37.3、厚 20.5 厘米

石灰石质。

头、右手、双足缺失。双足有修复孔洞，有金属残留物。

体态修长挺拔，胸、腹部微凸，左手下垂施与愿印。双腿轮廓明显，背部平直。

身着通肩大衣，右衣缘覆搭左肩下垂。

彩绘保留较好。大衣施绿条红块田相纹饰，局部残留龟纹彩条。颈部、手残留贴金。

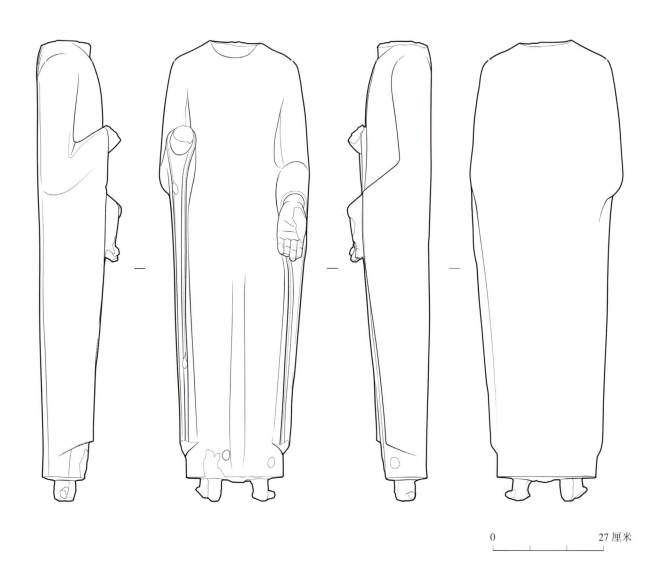

0   27 厘米

L0242 右前侧面　　　　　　　　　　　　　　　　L0242 左前侧面

L0242 右侧面   L0242 左侧面

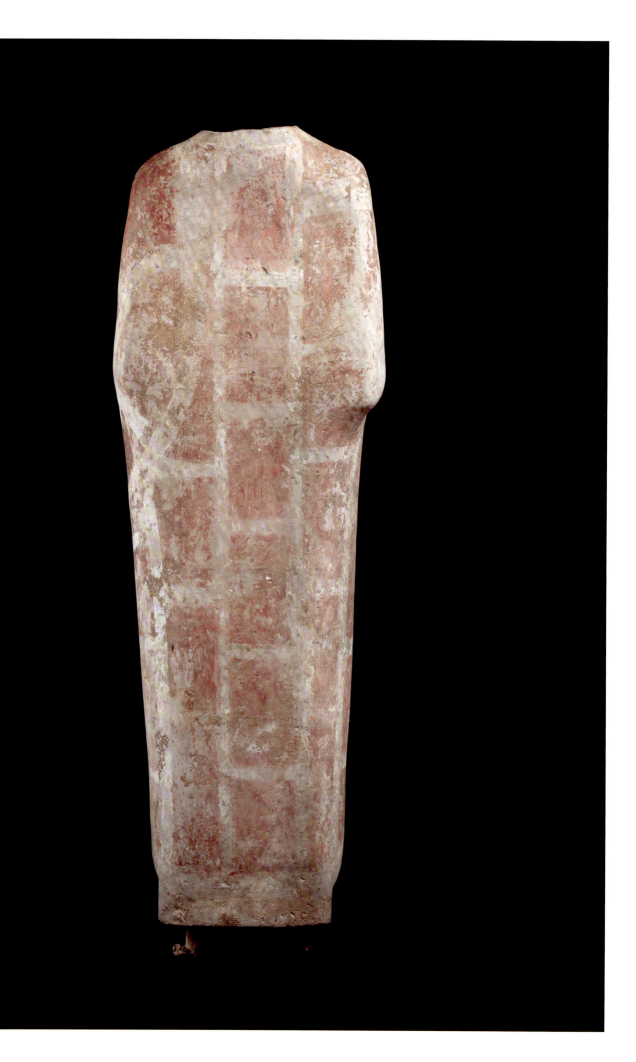

L0242 大衣彩绘图案

L0242 左手

L0242 早期修复痕迹

L0242 背面

L0243 贴金彩绘圆雕佛立像

北齐（550～577 年）
残高 148.3、宽 41.9、厚 24.9 厘米

  石灰石质。
  头、右肩、右手、左手指残缺。由三块残件粘接而成。
  胸部隆起，腹部微凸，腿部轮廓明显，背面平直。
左手下垂施与愿印。跣足立于莲台上，下有榫。
  着褒衣博带式大衣，右衣缘覆搭左肩左臂下垂，
内着僧祇支。身前饰双排"U"形双阴线衣纹，背面饰
单阴线的"U"形衣纹。
  贴金彩绘脱落严重。莲台施绿色。

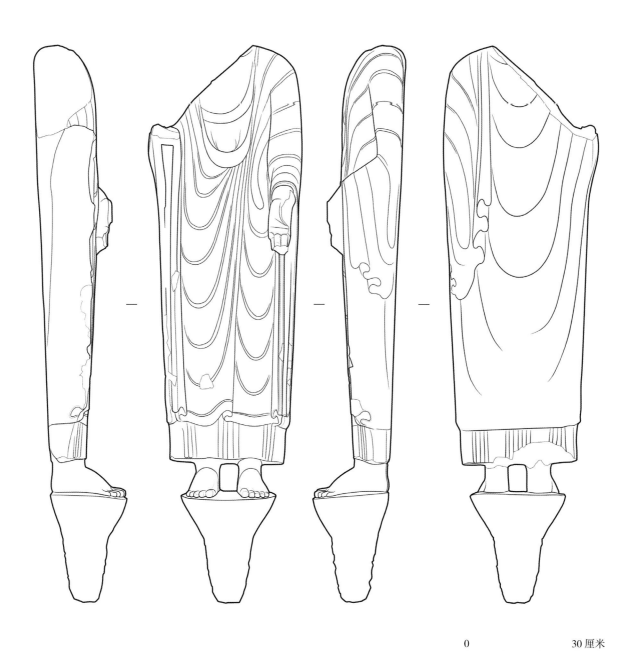

0   30 厘米

L0243 右前侧面　　　　　　　　　　　　L0243 左前侧面

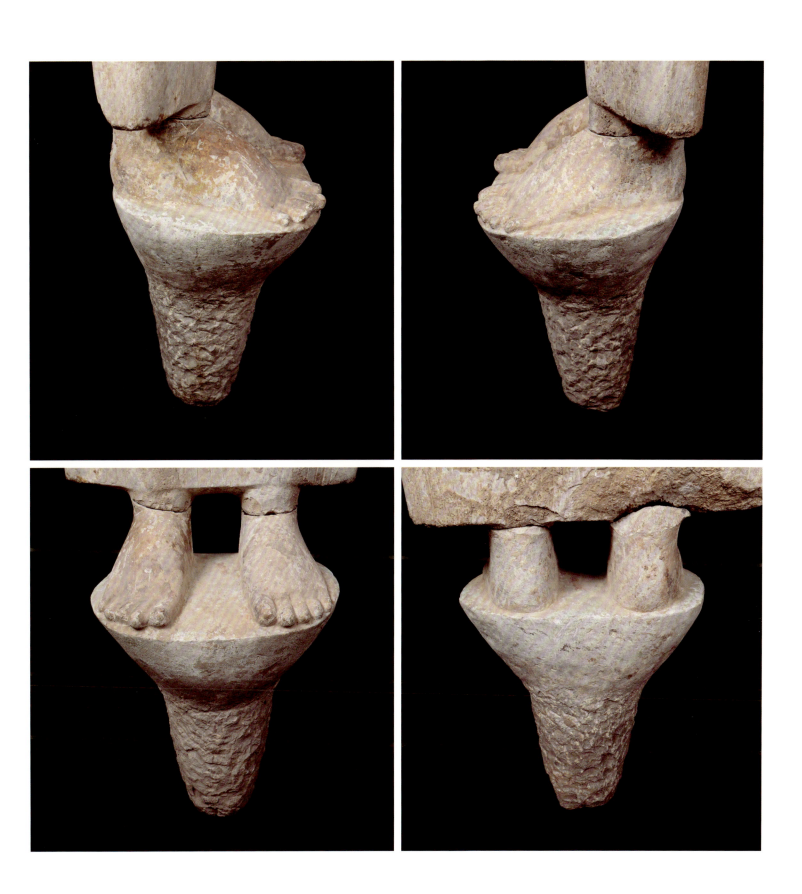

L0243 足座右侧　L0243 足座左侧

L0243 足座正面　L0243 足座背面

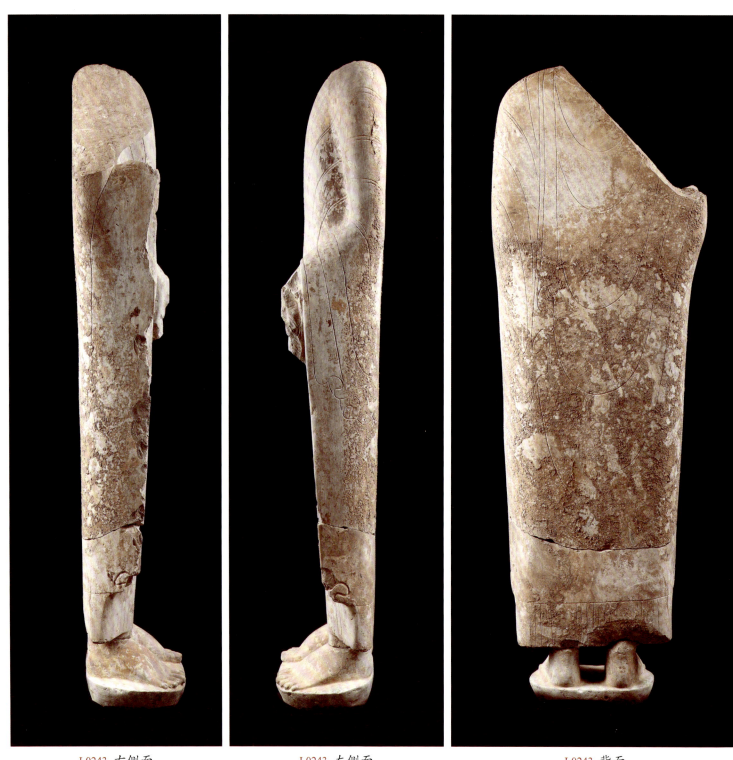

L0243 右侧面   L0243 左侧面   L0243 背面

L0243 背面衣纹	L0243 正面衣纹	L0243 左手

L0243 正面衣纹

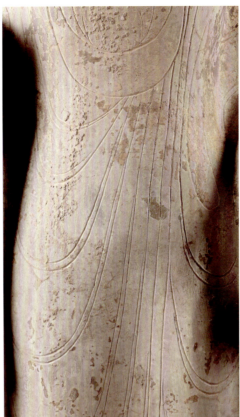

L0244 彩绘圆雕佛立像

北齐（550～577年）

残高 82.4、宽 23.9、厚 14.3 厘米

　　石灰石质。

　　头、左手、右手指缺失。由两块残件粘接而成。左手有修复圆孔，双足内侧有凹槽。

　　体态修长挺拔，右手施无畏印，跣足立于莲台上。

　　薄衣贴体，身着褒衣博带式大衣，右衣缘覆搭左肩左臂下垂。内着僧祇支，大衣下缘露下衣。衣纹用阴线刻表示，身前呈双排"U"形排列，背部呈单排"U"形排列。

　　彩绘保留较好。用红、绿等彩绘田相纹，保留少量龟纹彩条。手、足贴金。

　　基座残留墨书"有"字。

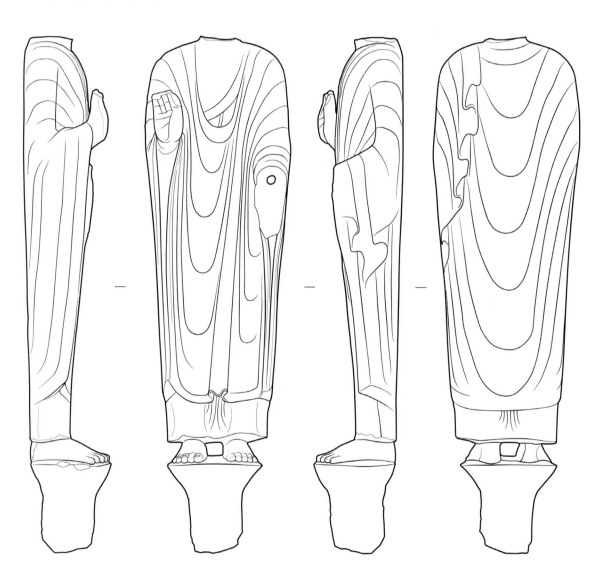

0　　　　　　　　　　　　　18 厘米

L0244 右前側面

L0244 左前側面

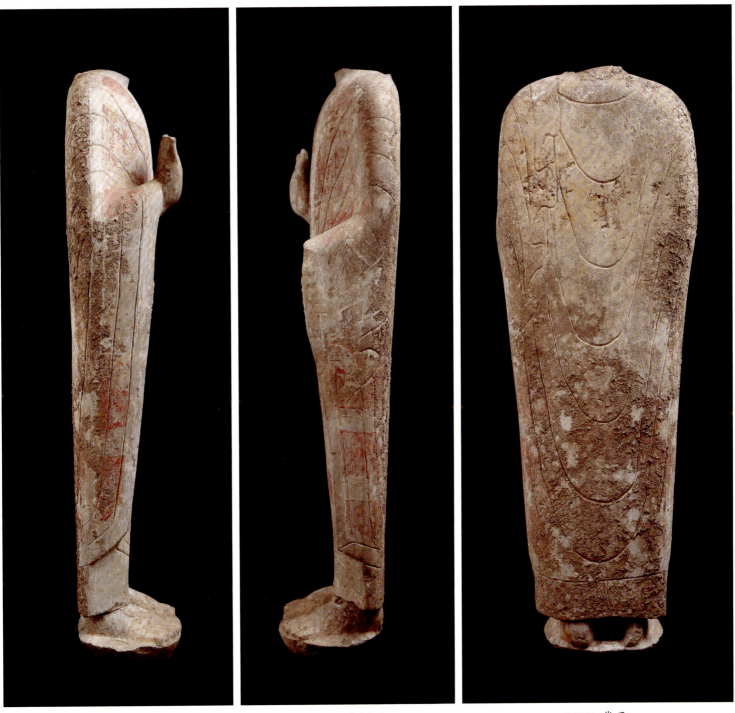

L0244 右侧面   L0244 左侧面   L0244 背面

L0244 右手

L0244 正面衣纹

L0244 正面衣纹

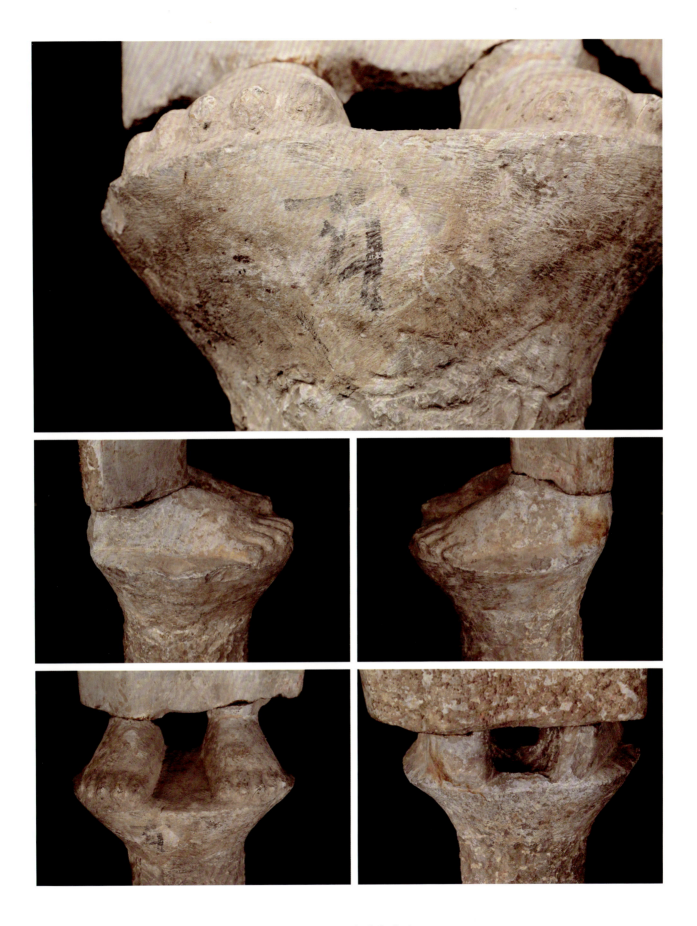

L0244 足座墨书字迹

L0244 足座右侧	L0244 足座左侧
L0244 足座正面	L0244 足座背面

L0251 贴金彩绘圆雕佛立像

北齐（550～577 年）

残高 109、宽 30.5、厚 16.3 厘米

　　石灰石质。

　　耳垂、双臂、双足缺失。由四块残件粘接而成。

　　肉髻低圆，风车状螺发呈逆时针方向旋转。圆脸，双目低垂，高鼻，表情肃穆。颈部有蚕节纹。身姿修长挺拔，小腹微凸，背部平直。

　　薄衣贴体，未雕刻衣纹，只雕刻大衣下缘，下摆外侈。

　　彩绘袒右大衣。红、白色彩绘衣纹呈水波状下垂。彩绘交领中衣。颈部、足部贴金。

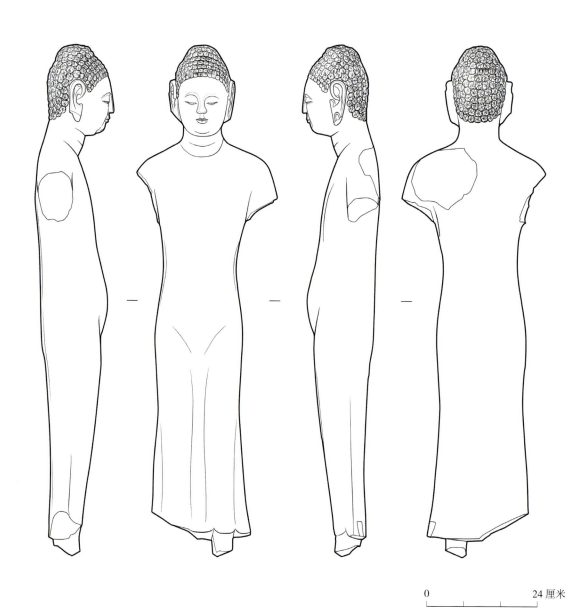

0　　　　　　　　　　24 厘米

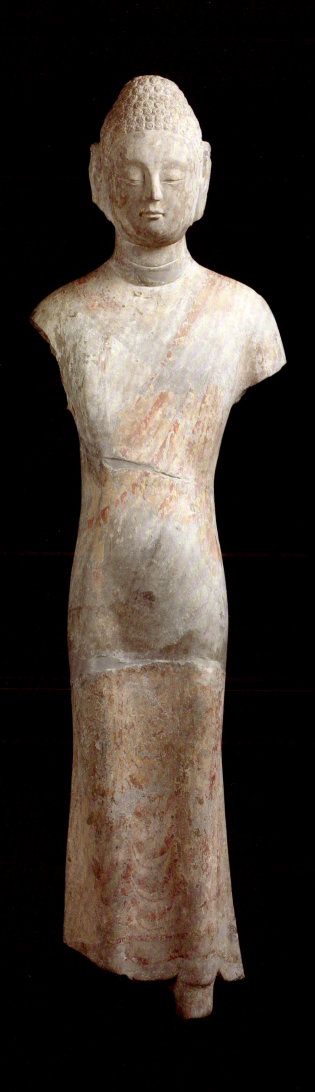

L0251 右前侧面

L0251 左前侧面

L0251 头部正面	L0251 头部背面
L0251 头部右前侧	L0251 头部左前侧
L0251 头部右侧	L0251 头部左侧

L0251 右侧面　　　　　　L0251 左侧面　　　　　　L0251 背面

L0251 发髻

L0251 胸部

L0251 正面彩绘

L0267 贴金彩绘圆雕佛立像

北齐（550～577年）
残高 115.8、宽 37.1、厚 20.6 厘米

石灰石质。

右手、双足缺失。由两块残件粘接而成。足部有四个修复圆孔，残留金属痕迹。

肉髻低圆，螺发呈逆时针风车状。方圆脸，细眉垂目，鼻梁高挺，嘴角上扬，脑后有金属残留。颈部有蚕节纹。身姿修长挺拔，平肩，胸部和腹部隆起，左手施与愿印。背部平直。

着褒衣博带式大衣，内着僧祇支，胸部系结，大衣下缘露下衣。

通体彩绘。墨线起稿，施绿条红块田相纹饰。背部左肩绘大衣下垂衣缘。面、颈、胸、手部贴金。

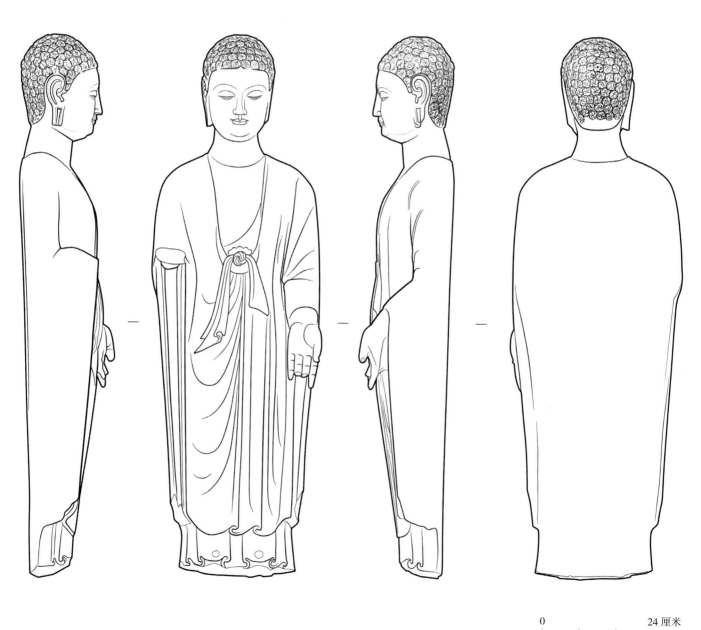

0   24 厘米

L0267 正面

L0267 右前侧面   L0267 左前侧面

L0267 右侧面   L0267 左侧面   L0267 背面

L0267 发髻

L0267 头部正面	L0267 头部背面
L0267 头部右侧	L0267 头部左侧

L0267 头部

L0267 胸部

L0267 正面衣纹 | L0267 胸部衣结 | L0267 大衣彩绘图案

L0267 左手

L0267 早期修复痕迹

龍興之寺